集成电路产业
标准与专利协同创新分析

陈大纪　张春野　蔡嘉诚◎主编

知识产权出版社
全国百佳图书出版单位
—北京—

图书在版编目（CIP）数据

集成电路产业标准与专利协同创新分析/陈大纪，张春野，蔡嘉诚主编. —北京：知识产权出版社，2024.6

ISBN 978-7-5130-9367-5

Ⅰ．①集… Ⅱ．①陈… ②张… ③蔡… Ⅲ．①集成电路产业—产业发展—中国 Ⅳ．①F426.63

中国国家版本馆 CIP 数据核字（2024）第 096085 号

内容提要

电子信息技术标准化已进入"技术专利化、专利标准化、标准许可化、许可全球化"的标准化运作法则的时代，通过产品市场竞争和标准市场竞争的全局战略，塑造产业规则，获取竞争优势。本书收集并分析全球集成电路领域专利与标准数据、产业数据，梳理国内外集成电路产业现状，绘制集成电路领域技术、人才、产业全景图，找出我国集成电路产业的优势与不足，为读者更好地了解集成电路产业专利技术的布局奠定基础。本书适合政府决策部门、标准化与知识产权工作人员作为参考用书。

责任编辑：张利萍	责任校对：王　岩
封面设计：邵建文　马倬麟	责任印制：孙婷婷

集成电路产业标准与专利协同创新分析

陈大纪　张春野　蔡嘉诚　主编

出版发行：知识产权出版社有限责任公司		网　　址：http://www.ipph.cn	
社　　址：北京市海淀区气象路 50 号院		邮　　编：100081	
责编电话：010-82000860 转 8387		责编邮箱：65109211@qq.com	
发行电话：010-82000860 转 8101/8102		发行传真：010-82000893/82005070/82000270	
印　　刷：北京建宏印刷有限公司		经　　销：新华书店、各大网上书店及相关专业书店	
开　　本：720mm×1000mm　1/16		印　　张：17.25	
版　　次：2024 年 6 月第 1 版		印　　次：2024 年 6 月第 1 次印刷	
字　　数：301 千字		定　　价：98.00 元	

ISBN 978-7-5130-9367-5

编 委 会

主　编　陈大纪　张春野　蔡嘉诚

副主编　高艳炫　郝文建

成　员　邱世锐　刘小慧　胡　晨
　　　　贾静宇

在这个发展迅速的时代，科技的进步正以前所未有的速度推动社会和经济的发展。集成电路作为现代电子技术的核心，其发展水平直接决定了一个国家或地区在全球高科技产业中的竞争地位。随着全球经济的不断深入融合，集成电路产业的发展已不再局限于企业或国家的单打独斗，而成为涉及产学研多方协同与国际合作的复杂系统工程。

《集成电路产业标准与专利协同创新分析》一书旨在深入剖析集成电路产业的发展现状、未来趋势以及面临的挑战，并特别关注在这一过程中专利战略和产业标准如何发挥至关重要的作用。通过对苏州市集成电路产业的具体案例的分析，本书不仅揭示了一个典型地区在全球集成电路产业中的角色和地位，而且进一步探讨了如何通过专利布局和标准制定来推动产业升级和区域经济发展。

本书首先通过对核心结论和数据的简要概述，为读者提供了一个关于苏州市集成电路产业的宏观视角，随后从不同维度深入探讨集成电路产业的多个关键方面，包括产业发展现状、专利导航分析、产业链细分专利分析以及国内重点企业的专利导航分析等。

通过对标准组织的分析和标准数据的产业化分析，本书着重强调了标准制定在集成电路产业发展中的核心作用。同时，结合进出口数据分析，本书试图为读者呈现一个全方位、多层次的集成电路产业画卷。

在本书撰写过程中，我们不仅汇聚了来自产业界、学术界和研究机构的最新研究成果，而且还进行了大量的数据收集和实地考察，以确保信息的准确性和分析的深度。我们坚信，通过对集成电路产业标准与专利协同创新的深入研究，本书能够为政策制定者、产业界领导者以及学术研究者提供宝贵的意见和建议。随着全球集成电路产业竞争格局的不断演变，我们期待本书能够为推动相关领域的科技创新与产业发展贡献一份力量。

目　录

CONTENTS

第 *1* 章
集成电路产业概况

　　集成电路（Integrated Circuit，IC）是采用一系列特定的加工工艺，把一个电路中所需的晶体管、二极管等有源器件，以及电阻、电容、电感等无源器件，通过电路互连制作在一小块或几小块半导体晶片或介质基片上，然后封装在一个外壳内，使其具有所需电路功能的微型电子器件或部件。

　　随着新一轮科技革命、产业变革的加速演进，以 5G 通信、人工智能、物联网、云计算为代表的技术革命将引发国际产业分工的重大调整，颠覆性技术随之不断涌现。集成电路产业作为信息产业的核心支撑，正在重塑世界竞争格局。

　　集成电路产业链包括设计、制造、封装测试、材料、设备、应用六大环节。IC 设计处于产业链上游环节，IC 制造及封装测试为中游环节，IC 应用为下游环节。材料与设备是集成电路产业的重要支撑，而电子设计自动化（EDA）与知识产权（IP）工具作为 IC 设计的软件工具，是集成电路产业的基石。

　　集成电路产业作为信息技术产业群的基础和核心，已成为关系国民经济和社会发展的战略性、基础性和先导性产业，不仅是引领新一轮科技革命和产业变革的关键力量，也是培育和发展战略性新兴产业、推动信息化与工业化深度融合的核心和基础。因此，国家政策大力扶持集成电路产业发展。

　　本章以宏观产业为研究对象，探索集成电路产业专利分析方法和路径，建立产业发展状态、创新资源分布和专利分布情况的多维分析模型，通过三者间的匹配分析，找出产业重点发展的领域和方向、关键共性技术的核心和专利布局的重点。通过产业大数据和专利信息资源，分析相关技术领域在全球及我国的产业发展态势，并以我国江苏省苏州市为分析重点，明确产业发展的优势，梳理产业发展存在的问题，找准产业发展定位，绘制集成电路产业发展现状、关键技术分布、未来技术发展趋势、产业重点企业和产业链创新图谱等。

1.1 国内外集成电路产业总体发展情况

本节内容通过对国内外集成电路产业发展的经济和技术信息进行收集、梳理和归纳，系统介绍了国内外集成电路产业发展的基本情况和总体趋势，包括国内外集成电路产业发展历程、国内外市场信息、国内外政策环境信息、引领产业发展的优势国家（地区）及其龙头企业情况等。

1.1.1 国内集成电路产业发展历史和发展方向

我国集成电路产业的发展历史经历了以下六个阶段：1962 年，研制出包含 12 个晶体管的小规模集成电路（Small-Scale Integration，SSI）；1966 年，研制出集成度为 100~1000 个晶体管的中规模集成电路（Medium-Scale Integration，MSI）；1967—1973 年，研制出集成度为 1000~10 万个晶体管的大规模集成电路（Large-Scale Integration，LSI）；1977 年，研制出在 30mm 的硅晶片上集成 15 万个晶体管的超大规模集成电路（Very Large-Scale Integration，VLSI），这也是电子技术发展的第四次重大突破，集成电路的发展从此真正迈入了微电子时代；1993 年，随着集成 1000 万个晶体管的 16M Flash 和 256M 动态随机存储器（DRAM）的研制成功，集成电路的发展进入了特大规模集成电路（Ultra Large-Scale Integration，ULSI）时代；1994 年，随着集成 1 亿个元件的 1G DRAM 的研制成功，集成电路的发展进入了巨大规模集成电路（Giga Scale Integration，GSI）时代。

集成电路产业是现代信息社会发展的基础，包括云计算、互联网、大数据、工业互联网、新一代通信网络设备（5G）等，对于当前经济社会发展、国防安全、国际竞争及社会民生具有重要战略意义。

集成电路产业链上、中、下游各环节紧密联动。

上游包括：集成电路设计与制造所需的自动化工具 EDA，EDA 是产业链快速发展的撬动者；搭建 SoC 所需的核心功能模块半导体 IP；集成电路制造环节的核心生产设备及材料。

中游包括：通过电路设计、仿真、验证、物理实现等步骤生成版图的 IC 设计厂商；将版图信息用于制造集成电路的制造厂商；为芯片与外部器件连接提供物理机械保护的封装厂商；对芯片进行功能和性能测试的测试厂商。

下游应用范围十分广阔，应用场景主要包括计算机、汽车电子、工业、消费电子、物联网、数据处理等领域。

1.1.2　国外集成电路产业发展情况

半导体产业既是高新技术的核心产业，也是现代通信、电子、工业控制、军事技术等产品的基本元素和重要组成部分。集成电路一直稳定占有 80% 左右的全球半导体市场份额，是国际化竞争最激烈、全球范围内资源流动和配置最为彻底的产业之一。

1.　美国半导体和集成电路产业发展情况

美国是全球半导体和集成电路产业的发源地，无论是芯片设计、制造，还是与之密切相关的软件工具、半导体设备等领域，都处于领先地位。随着全球各个地区半导体产业的快速发展，美国的产业优势逐渐减小。为了保持其产业优势，美国采取了一系列措施，包括非常规手段，来削弱日本、中国等竞争者的竞争力。

当前，美国半导体产业仍占据全球近一半的市场份额①（如图 1-1 所示）。

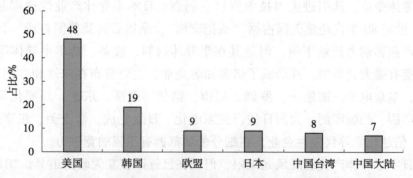

图 1-1　2022 年全球主要国家和地区半导体企业销售额占比

全球半导体销售额从 2001 年的 1390 亿美元增长到 2022 年的 5740 亿美元，复合年增长率为 6.67%。其中，总部位于美国的半导体公司的销售额从 2001 年的 711 亿美元增长到 2022 年的 2750 亿美元，复合年增长率为 6.7%，在全球市场的占比达到 48%。美国半导体公司在全球市场主要区域保持着市场份额领先地位。在全球所有国家和地区的半导体市场，总部位于美国的公司都占据了销

---

① 华经产业研究院. 2022 年全球半导体及细分产业发展现状及区域分布情况［EB/OL］.（2022-10-31）［2024-04-20］. https://www.huaon.com/channel/trend/847205.html.

售市场份额的领先地位。如图 1-2 所示，在欧洲市场，美国公司的市场份额达到了 50.0%；在中国市场，美国公司的市场份额高达 53.4%[①]。

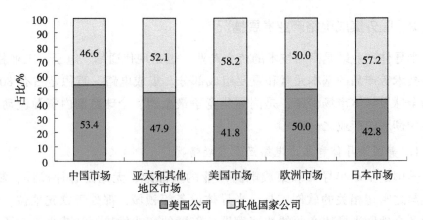

图 1-2 2022 年美国半导体企业在全球各地区半导体市场的占比

2. 日本半导体和集成电路产业发展情况

日本半导体产业是全球半导体产业版图中的重要一环，拥有一大批知名的半导体企业。从引进美国技术到自主创新，日本半导体产业快速崛起，并在 20 世纪 80 年代超越美国占据"头把交椅"。虽然后面受美国打压，日本半导体产业影响力持续下滑，但是其在半导体材料、设备、功率半导体等领域依然拥有强大竞争力，并形成了诸多知名企业，主要分布在东京和九州硅岛。例如，东京电子、迪恩士、罗姆、尼康、铠侠、瑞萨、东芝、日亚化学、大日本印刷、凸版印刷、大阳日酸、关东电化、日立化成、富士美、东京应化、JSR、信越化学等代表性企业，在细分领域都拥有很强的竞争力。

日本半导体产业曾经风光无限，但现在已逐渐演变为政治道具。2019 年，日本限制向韩国出口氟化聚酰亚胺、光刻胶和高纯氟化氢三种半导体工艺材料，由于韩国在这三种材料上对日本的依赖度分别高达 93.7%、91.9%、43.9%，这一政策一度打乱了韩国半导体行业发展进程，直到 2023 年双方才达成和解。2023 年 3 月，日本称从 7 月开始将把 6 类 23 种高端半导体制造设备（10~14nm 及以下）加入对华出口管制对象，涉及芯片清洁、沉积、光刻、蚀刻等环节。在地缘政治摩擦以及受美国钳制的影响下，日本半导体产业想要重新崛起，难度或将加大。

① Semi 大半导体产业网，https://www.semi.org.cn/site/semi/.

3. 韩国半导体和集成电路产业发展情况

韩国半导体产业竞争力较强，尤其在存储芯片领域，韩国已从追随者成为领跑者。存储芯片领域曾经由美国主导了 10 年，而后日本接棒又坐了 10 年"头把交椅"，20 世纪 90 年代后韩国凭借 DRAM 技术的飞速发展，再加上美国对日本的压制，摘下世界第一的桂冠，并持续到了今天。研究机构 IC Insights 的数据显示，在 2021 年 DRAM 市场中，三星以 43.6% 的市场份额占据全球第一；SK 海力士的市场占比为 27.7%；美光排名第三，市占比为 22.8%，仅韩国两大公司就包揽了全球市场份额的 71.3%。而在设备/材料领域，韩国的国产替代不断取得突破。

2019 年爆发的"日韩半导体之争"中，韩国受影响最严重的就是光刻胶产业。根据韩国贸易协会 2018 年的数据显示，韩国 93.2% 的光刻胶都依赖于从日本进口。2022 年 12 月，三星首次引入韩国本土公司东进世美肯研发的极紫外光刻胶（EUV PR）进入其量产线，这是三星进行光刻胶本土量产的首次尝试。东进世美肯在遭受日本出口管制之后就开始着手研发光刻胶，并于 2020 年聘任阿斯麦韩国公司前 CEO 金永璇为副会长，为进军 EUV PR 业务打下基础。

2021 年年底，EUV PR 通过了三星电子的可靠性测试。经过 3 年的努力，韩国实现了光刻胶本地化生产。在半导体设备方面，韩国 Wonik Q&C 首席执行官 Baek Hong-joo 在 Tech Korea 2022 上透露，目前韩国八大半导体工艺国产替代率分别为热处理 70%、沉积 65%、清洗 65%、平整化 60%、蚀刻 50%、测量分析 30%、曝光 0%、离子注入 0%，韩国在半导体测试等后道领域的国产化已经取得重大进展，半导体前道中只有光刻机和离子注入仍处于零国产化阶段。在晶圆代工领域，韩国已经取得了全球第二的成绩。

在晶圆代工领域，韩国的市场份额虽然远不及中国台湾，但也位居全球第二。目前，韩国代表性晶圆代工厂主要是三星电子、SK 海力士、启方（Key Foundry）、DB Hitech 等。其中，三星电子被视为唯一一家能够与台积电在 5nm 以下先进制程上一较高下的代工厂。2022 年 6 月，三星电子领先台积电成为全球第一家正式量产 3nm 芯片的半导体厂商。在先进工艺方面，三星电子计划在 2023 年推出第二代 3nm 芯片，2025 年量产 2nm 芯片，2027 年推出 1.4nm 芯片，到 2030 年基于 EUV 技术赶上台积电。韩国半导体产业主要集中在京畿道、忠清道地区，其中，首尔以南的京畿道地区被称为韩国的"硅谷"。

1.1.3 国内集成电路产业发展情况

集成电路产业和软件产业既是信息产业的核心，也是引领新一轮科技革命和产业变革的关键力量。我国出台的《"十四五"数字经济发展规划》《"十四五"国家信息化规划》《"十四五"信息通信行业发展规划》等政策文件均提到，完成信息领域核心技术突破，加快集成电路关键技术攻关，着力提升基础软硬件、核心电子元器件、关键基础材料和生产装备的供给水平，强化关键产品自给保障能力。我国集成电路产业和软件产业的快速发展，有力支撑了国家信息化建设，促进了国民经济和社会持续健康发展。

目前，我国高端芯片几乎完全依赖进口，严重威胁着我国国防信息安全和通信、能源、工业、汽车和消费电子等支柱行业的产业安全。而全球电子产品90%的制造能力在中国，5G、物联网和人工智能行业的最大市场也在中国。在国家大力扶持集成电路设计行业的政策下，高端芯片技术国产替代势在必行。

1. 我国集成电路行业市场规模

集成电路作为信息产业的基础与核心，被誉为"现代工业的粮食"，在电子设备、通信、军事等方面得到了广泛应用，对经济建设、社会发展和国家安全具有重要的战略意义。受益消费电子、PC等市场蓬勃发展，以及国产替代不断推进，国内集成电路市场规模不断扩张，据中商产业研究院发布的《2023年中国集成电路行业研究报告》数据显示，我国集成电路行业市场规模由2017年的5411亿元增长至2022年的12036亿元，复合年增长率为17.3%。中商产业研究院分析师指出，2023年我国集成电路行业市场规模达13093亿元，同比增长8.8%（如图1-3所示）。

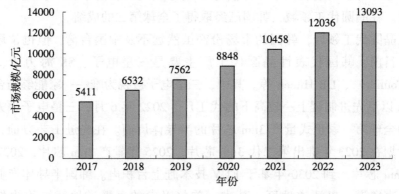

图1-3　2017—2023年中国集成电路行业市场规模趋势

据中国半导体行业协会统计，2022 年中国集成电路产业销售额为 12036 亿元，同比增长 15.1%。从增速上看，晶圆制造的增速最快，其次是 IC 设计，最后是封装测试①。

2. 我国集成电路产量及需求量

根据国家统计局的数据（如图 1-4 所示），国内集成电路行业总生产量从 2011 年的 719.52 亿块上升到 2021 年的 3000 亿块，年均复合增长率约为 17.45%。受疫情等因素的影响，2022 年中国集成电路产量下滑至 2500 亿块，同比下降 9.8%，集成电路需求量减少至 5892.3 亿块，同比下降 1.88%。伴随着疫后复工复产以及经济整体复苏，我国集成电路产量及需求量有望恢复增长态势。

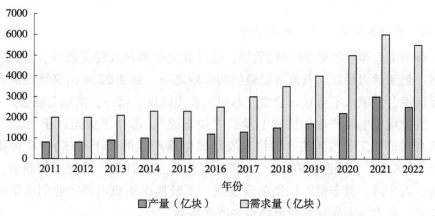

图 1-4　2011—2022 年中国集成电路产量及需求量

3. 我国集成电路进出口数量

如图 1-5 所示，据国家统计局发布的 2022 年国民经济和社会发展统计公报显示，我国是半导体芯片需求大国，但所需芯片高度依赖进口，仅 2022 年，我国进口集成电路就达到 2700 亿块，2015 年以来累计进口数量总额达到 18300 亿块。出口方面，2022 年累计出口集成电路 5500 亿块，较 2021 年减少 1000 亿块，同比下降 18%，金额为 10254 亿元，比上年增长 3.5%②。

① 中国半导体行业协会，中商产业研究院. 2022 年中国集成电路行业供需现状分析　中国集成电路行业销售额突破万亿元 [EB/OL]. https://m.163.com/dy/article/HPJDFTDH0519811T.html.
② 国家统计局. 2022 年国民经济和社会发展统计公报 [R/OL]. （2023-02-28）[2024-04-20]. https://news.youth.cn/gn/202302/t20230228_14350429.htm.

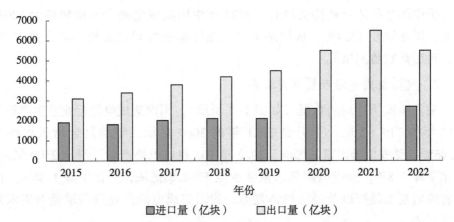

图 1-5 2015—2022 年中国集成电路进出口数量统计

4. 苏州集成电路产业发展情况

苏州工业园区历经 29 年的发展，已经成为中国开放程度最高、发展质效最好、创新活力最强、营商环境最优的区域之一。在 2022 年国家级经济技术开发区综合发展水平考核评价中，苏州工业园区排名第一，实现七连冠。

为使集成电路产业加快驶上发展"快车道"，苏州工业园区于 2022 年 5 月出台《苏州工业园区关于加快发展集成电路产业的若干措施》，积极实施"设计业倍增""制造业联芯""封测业扎根"三大计划，通过"创新链，产业链，人才链，资金链"四链融合发展，不断提高集成电路产业创新集群建设水平，奋力做大做强集成电路新兴产业集群。

在推进高质量发展过程中，园区始终坚持产业立区，全力做大做强新一代电子信息等一批产业创新集群。集成电路产业是园区起步较早、重点发展的产业之一，多年来，园区致力于推动集成电路全产业链的生态优化、能级提升，促进产才融合，持续壮大产业规模，全力打造"设计—制造—封测"+"专用设备和材料"的完整产业链。2022 年，园区集成电路产业实现营收超 800 亿元，同比增长超过 10%，其中核心三大产业链（设计、制造、封测）占苏州市产业营收近 70%，园区集成电路产业在建和拟建的重大项目 50 余个，其中百亿元以上项目 3 个、50 亿元以上项目 6 个。集成电路领域累计获评科技领军人才 140 余名，领军人才企业逾百家，从业人员近万人。

截至 2024 年年初，园区建有国家第三代半导体技术创新中心、纳米新材料国家先进制造业集群，累计培育集成电路上市企业 10 家，"专精特新"企业 43 家，省级以上工程中心、工程技术研究中心、企业技术中心、院士工作站 48 家，有 50 余家支撑企业为集成电路产业发展保驾护航。

2023 年年初，苏州市工业园区专门成立了集成电路产业投资发展有限公司，打造项目招引入驻、产业联盟、股权投资三大平台，并设立总规模 50 亿元的基金，用于支持企业招引和快速成长，同时布局"SIP 集成电路产业园"作为集成电路产业载体核心，实现集成电路行业的产业集聚、服务集聚、资金集聚。园区聚焦人才、项目、载体、资金、服务等各个环节，已经逐渐形成系统化的支持体系，加速了构建集成电路产业人才矩阵。

为进一步完善集成电路产业服务体系，"SIP 集成电路产业园"推出生态合作计划，以合作共赢为目标，全方位、多层次聚合集成电路领域相关专业服务资源。目前，生态合作计划已邀请到国家集成电路创新中心、中国科学院纳米所等首批成员单位，提供的服务内容涉及共性技术研发、加工测试平台、EDA 工具租赁、多项目晶圆加工、专业检测服务等领域。

1.1.4　国内外产业链信息分析

集成电路产品从小规模集成电路逐渐发展到现在的超大规模集成电路，整个集成电路产业格局经历了从传统的板上系统到片上系统的过程。在这一历史过程中，全球集成电路产业经历了三次变革：第一次变革是以加工为主导的集成电路产业发展的初级阶段；第二次变革体现为以制造加工为主的芯片设计的集成电路设计企业分离发展；第三次变革形成了设计业、制造业、封装业、测试业独立运营的局面。

近年来，在全球半导体产业结构的快速调整中，集成电路产业中的集成电路业与晶圆代工业呈现异军突起之势。继 2021 年 5559 亿美元的强劲销售额之后，2022 年全球半导体销售额增长 3.2%，达到 5741 亿美元。半导体销售态势在 2022 年上半年表现强劲，而此前在疫情的大部分时间里也都经历了一段巨大的增长期。但通货膨胀、消费支出减少和半导体需求减弱等宏观经济因素导致 2022 年下半年半导体销售额下降。据世界半导体贸易统计组织（WSTS）当时估计，2023 年全球半导体行业销售额将降至 5150 亿美元，同比下降 10%。2024 年年初，据市场调查机构 Gartner 公布的初步统计结果显示，2023 年全球半导体收入总额为 5330 亿美元，同比下降 11.1%。

1. 设计业市场持续增长，美国占据霸主地位

集成电路产业诞生于美国，美国工业至今仍在全球市场份额中占据领导地位。纵观该行业的历史，美国的领导地位一直受到海外竞争对手的挑战，

但美国之所以仍保持领先，很大程度上要归功于其世界级创新。随着全球对这项战略技术领导地位的竞争日益激烈，对美国芯片公司而言，要确保能够比海外竞争对手更快地运行成为其前所未有的重要大事。

美国半导体行业占据了全球半导体市场近一半的市场份额，并呈现出稳定的年度增长态势。自20世纪90年代末以来，美国半导体行业一直是全球销售市场份额的领导者，年度全球市场份额接近50%。

此外，美国半导体公司在研发、设计和制造工艺技术方面也保持着领先地位或竞争优势。全球销售市场份额的领先地位也使美国半导体行业受益于创新的良性循环。其销售领导地位使美国半导体行业能够在研发方面进行巨额投资，这又有助于确保美国销售额继续处于领先地位。只要美国半导体行业继续保持全球市场份额的领先地位，它就能继续受益于这种创新的良性循环。

2023年8月，美国半导体行业协会（SIA）委托领先的独立经济咨询公司牛津经济研究院（Oxford Economics）撰写了一份报告，调查美国半导体行业在全球经济挑战的背景下面临的熟练劳动力挑战。该报告预计，到2030年，美国半导体行业将增加近11.5万个工作岗位，从目前的约34.5万个工作职位增加到21世纪末的约46万个工作职位，增长率为33%。按照美国目前的相关专业学位完成率，大约有67000个工作岗位可能面临空缺的风险，占预计新增工作岗位的58%。这67000个空缺职位约占项目技术领域（技术人员、工程和计算机科学）新增职位的80%。预计到2030年，半导体劳动力缺口将达到26400名技术人员、27300名工程师和13400名计算机科学家。在缺少的27300名工程师中，预计其中需求的9900人处于学士水平（占比35%）、12300人处于硕士水平（占比47%）、5100人处于博士水平（占比18%）。

SIA公布的数据显示，美国半导体企业的研发投入在销售额中的平均占比高达18.7%，紧随其后的分别是欧洲（占比15%）、中国台湾（占比11%）、韩国（占比9.1%）、日本（占比8.3%）、中国大陆（占比7.6%）。

根据SIA公布的数据显示，半导体是美国最大的出口产品之一①。如图1-6所示，2022年，美国半导体出口总额为611亿美元，在美国出口产品中排名第五，仅次于精炼油、原油、天然气和飞机。美国出口到其他市场的半

---

① 全球技术地图. 美国SIA发布《2022年美国半导体行业现状》报告［EB/OL］.（2022-12-03）［2024-04-20］. https://new.qq.com/rain/a/20221203A05E6200.

导体销售额占美国半导体行业总销售额的 80% 以上。

精炼油	原油	天然气	飞机	半导体
1462	1168	965	938	611

图 1-6　2022 年美国出口情况（单位：亿美元）

2. 纯晶圆代工市场增幅显著，亚太地区是主战场

台积电作为全球最大的晶圆代工厂，占据了全球 80% 以上先进制程的市场份额，特色工艺由于同等节点开发时间较早，技术领先叠加工艺库全，配合开发周期短，工艺稳定性相对更高，2021 年占据全球 50% 以上的市场份额。三星虽然同样具备生产尖端制程的能力，且整体芯片产量超过台积电，但受限于技术成熟度和良率等整体先进制程产量较少，占据全球第二的市场份额。国内龙头企业中芯国际的技术水平仅达到 14nm 制程，仍有较大追赶空间。

2023 年 6 月，集邦咨询（TrendForce）公布了全球前十大晶圆代工企业第一季度的营收榜单[①]。受终端需求持续疲弱以及淡季效应加乘影响，2023 年第一季度排名全球前十的晶圆代工企业营收季度跌幅 18.6%，营收合计约 273.03 亿美元。从市场份额来看，台积电排名第一，营收达 167.35 亿美元，占比 60.1%。本次排名最大的变动是，格芯超越联电拿下第三名，以及高塔半导体超越力积电及世界先进，登上第七名。

由图 1-7、图 1-8 可知，按地域划分，排名前十的专属晶圆代工企业中，中国大陆有两家（中芯国际、华虹集团），整体市占率为 8.30%，中国台湾有 4 家（台积电、联电、力积电、世界先进），整体市占率为 68.70%。韩国有两家（三星、东部高科），市占率为 13.20%。美国有 1 家（格芯），市占率为 6.60%，以色列有 1 家（高塔半导体），市占率为 1.30%。

---

① 中商情报网. 2023 年一季度全球前十大晶圆代工企业营业收入及市场份额数据分析［EB/OL］.（2023-06-13）［2024-04-20］. https://www.163.com/dy/article/I7432IIL051481OF.html.

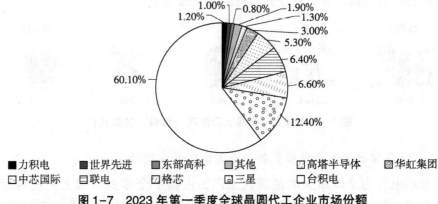

图 1-7　2023 年第一季度全球晶圆代工企业市场份额

力积电　世界先进　东部高科　其他　高塔半导体　华虹集团
中芯国际　联电　格芯　三星　台积电

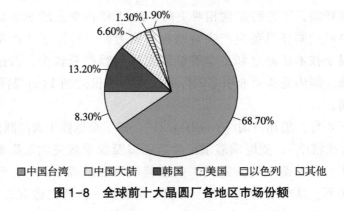

中国台湾　中国大陆　韩国　美国　以色列　其他

图 1-8　全球前十大晶圆厂各地区市场份额

3. 封测业中国领跑，先进封装市场占比近半

集成电路封测为集成电路制造的后道工序，是指根据产品型号和功能要求，将经过测试的晶圆加工成独立集成电路的过程，是提高集成电路稳定性及制造水平的关键工序，主要分为封装和测试两个环节。

根据 Yole 及集微咨询的统计数据①，2022 年全球封测市场规模为 815 亿美元，同比增长 4.9%（如图 1-9 所示），预计到 2026 年市场规模有望达到 961 亿美元，2022—2026 年复合年增长率（CAGR）为 4.2%。先进封装市场规模及占比持续提升，中国大陆先进封装占比有望不断提高。据 Yole 及集微咨询的数据，2022 年全球先进封装市场规模为 378 亿美元，到 2026 年全球先进封装市场规模达 482 亿美元，2022—2026 年全球先进封装市场规模 CAGR

① 集微咨询. 2022 年中国集成电路封装测试产业白皮书［R/OL］.（2023-06-27）［2024-04-24］. https://zhuanlan.zhihu.com/p/639806117.

为 6.3%，先进封装占比有望突破 50%。

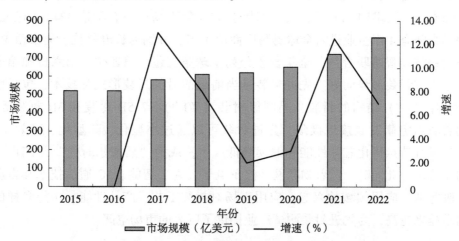

图 1-9　2015—2022 年全球集成电路封测行业市场规模情况

从图 1-10 全球集成电路封测市场区域分布来看，在半导体产业转移、人力资源成本优势、税收优惠等因素的促进下，全球集成电路封测厂逐渐向亚太地区转移，亚太地区因此也成为全球最主要的集成电路封测市场，2022 年市场占比为 79.04%；其次为北美和欧洲地区，市场占比分别为 11.58% 和 6.06%。

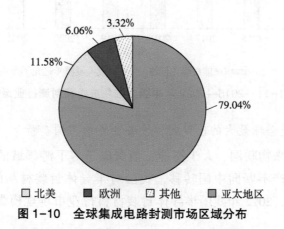

图 1-10　全球集成电路封测市场区域分布

中国大陆作为封测产业的三大市场之一，市场规模呈增长趋势。据中国半导体行业协会以及集微咨询数据①显示，2022 年中国大陆封测市场规模为 2995 亿元（如图 1-11 所示），预计到 2026 年市场规模有望达 3248.4 亿元。中国大陆有 4 家企业进入全球封测厂商前十名，分别为长电科技、通富微电、华天科技和智路联合体，全年营收分列全球第三位、第四位、第六位和第七位，先进封装形势向好。先进封装是当前最前沿的封装形式和技术，包括倒装芯片（FC）结构的封装、晶圆级封装（WLP）、2.5D 封装和 3D 封装等。随着摩尔定律发展接近极限，先进封装可以通过小型化、薄型化、高效率、多集成等特点优化芯片性能和继续降低成本，成为"后摩尔时代"封测市场的主流。与此同时，随着物联网、汽车电子、人工智能、5G 通信技术和自动驾驶等新兴应用领域的兴起，应用市场对封装工艺、产品性能、功能多样的需求越来越高，为先进封装测试产业提供了巨大的市场空间。

图 1-11　2015—2022 年中国大陆集成电路封测行业运行情况

4. 日本是全球最大的出口国，设备业务由四国垄断

随着近年来物联网、人工智能、消费电子等下游领域的快速发展，加上全球半导体生产不断向中国转移，我国对半导体封装材料的需求持续增长。相关资料显示，2022 年我国半导体封装材料行业市场规模为 534 亿元，同比增长 9.4%。

由图 1-12 可知，2022 年日本是全球最大的集成电路装备出口国，出口额

①　集微咨询. 2022 年中国集成电路封装测试产业白皮书［R/OL］.（2023-06-27）［2024-04-24］. https://zhuanlan.zhihu.com/p/639806117.

达到 310.09 亿美元；美国和荷兰分别居第二位、第三位，出口额分别为 268.22 亿美元和 213.28 亿美元。新加坡出口额为 212.07 亿美元。前四大出口国的出口规模远超其他国家和地区，排名第五及以后国家和地区的出口额均不足 100 亿美元。

CINNO Research 统计数据表明，2022 年全球排名前十位的半导体设备厂商的业务营收合计达 1030 亿美元[①]，达到 2020—2022 年 3 年来最高营收记录，同比增长 6.1%。美国公司应用材料（AMAT）2022 年营收近 237 亿美元，仍然稳居榜首；荷兰公司阿斯麦排名第二；美国公司泛林排名第三；日本公司 TEL 排名第四；美国半导体公司科磊排名第五。从营收金额来看，前四大设备商的半导体业务 2022 年全年的营收均已超过 160 亿美元。其中，科磊 2022 年全年半导体业务营收也将近 100 亿美元，同比增长 32.2%，是全球前十大设备商中营收同比增长最快的企业。

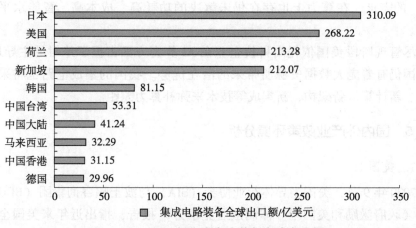

图 1-12　2022 年集成电路装备全球出口额

国金证券的研究报告显示，2022 年全球前三大光刻机制造商出货量达到 551 台，同比增长 15%，市场规模达到 196 亿美元，同比增长 26%。在四种主流光刻技术中，EUV 光刻机技术最为先进，可用于 10nm 以下的先进工艺制造。ASML 在 EUV 光刻机市场上实现了绝对垄断，市场占有率达 100%。而在其他光刻技术领域，ASML 也占据了较高市场份额。尼康则在面板光刻方面具有优势；佳能则以光电为主，光刻为辅。

---

① CINNO Research. 全球半导体设备厂商市场规模排名 Top10 [EB/OL]. (2023-09-12) [2024-04-20]. https://t.10jqka.com.cn/pid_310452032.shtml.

就我国而言，中国科学院光电研究所研发的新型超分辨率光刻机，能够实现 22nm 工艺制程，但目前应用场景还局限于科研室和学校，并未应用到商业领域。上海微电子光刻机技术在国内居于领先地位，目前已可量产 90nm 分辨率的 ArF 光刻机，28nm 分辨率的光刻机的研发也有望取得突破。

5. 未来技术形态的发展趋势

集成电路是现代工业的"粮食"，已经成为大国竞争的焦点，同时集成电路也深受市场的驱动和牵引。现在的集成电路包括制造业、设计业和封测业，是一个系统性的工程，但集成电路在拉动整个产业链发展的过程中也出现了缺少高端人才的问题。

集成电路产业技术现在已经进入真正的后摩尔时代，未来集成电路将重点围绕人工智能、万物互联等应用场景，向芯片智能化、高算力、高能效的需求等方向发展。但目前集成电路芯片更新迭代能力逐渐落后于人工智能（AI）的需求，在算力上也存在仍未解决的功耗高、成本高、智能水平低等问题。

尽管现阶段美国依托高科技企业在 AI 算力方面占据了绝对的主导地位，但中国仍有着庞大数据资源所带来的潜在优势。我国的集成电路也将采用新器件、新计算、新架构、新集成等技术来弥补算力差距。

1.1.5 国内外产业政策环境分析

1. 美国

2020 年 9 月，美国半导体行业协会（SIA）与波士顿咨询集团（BCG）发布了《政府激励和美国半导体制造业竞争力》报告，指出近年来美国全球半导体制造份额直线下降的主要原因是竞争对手国家提出大量激励措施，因此建议美国通过 500 亿美元联邦投资，未来 10 年在本土建设 19 家工厂，以提升美国的制造业地位。

2021 年 6 月，美国参议院通过总额达 2500 亿美元的《2021 年美国创新和竞争法案》，包括对芯片产业 520 亿美元的拨款，其中包括 390 亿美元的生产和研发资金、105 亿美元的项目实施资金，将用于支持未来 5~7 年内在美国本土建立 7~10 个芯片制造厂。同时，美国参议院还提出了《促进美国制造半导体法案》，希望在《2021 年美国创新和竞争法案》520 亿美元投资的基础上，为半导体制造业提供 25% 的投资扣抵税额，以期缩小美国与东亚地区在半导体生产成本上的差距。

2022 年 8 月，美国正式批准了配套有 520 多亿美元补贴的《2022 年芯片与科学法案》（简称《芯片法案》），2023 年，《芯片法案》的实施已经开始，美国通过在政策或法案中设置"护栏"和"研究安全"条款，进一步构筑"小院高墙"的法案，旨在不断减少中美在半导体领域的共同利益和合作关系，推动"去中国化"，逼迫两国企业、资本和科技人才在竞争中选边，进而阻止中国通过对美国技术的引进而发展先进半导体能力，达到其遏制中国半导体崛起的目的。部分内容如下：

①严格限制企业今后 10 年内在中国等"受关注国家"的半导体制造投资，禁止进行部分联合研究、技术授权等。

②禁止获得美国资金的半导体制造商在中国将先进技术的产量扩大逾 5%，禁止将传统技术的产量扩大逾 10%。

③将半导体制造商对中国先进产能投资的支出上限设定为 10 万美元。

美国芯片计划办公室（CPO）于 2023 年 3 月发布了第一份资助机会通知（NOFO），为半导体公司提供了提交申请所需的信息，以获得《芯片法案》配套的激励措施，从而建设或扩大半导体制造设施，包括前沿半导体、当前一代和成熟节点以及后端制造工艺。CPO 于同年 6 月为涉及半导体制造设备和材料制造的超过 3 亿美元的投资项目发布了第二次补贴申请机会，并计划于 2023 年秋季开放低于 3 亿美元投资项目的补贴申请，涉及研发设施项目的最终 NOFO 将于 2023 年秋季发布。

美国商务部公布的信息显示，截至 2023 年 5 月，已收到 400 多份芯片项目意向书，反映出整个供应链对美国《芯片法案》激励计划的广泛兴趣。自 2020 年美国《芯片法案》酝酿以来，已经陆续有 20 个州的数十个项目宣布启动，投资额远超 2000 亿美元。这些项目仅在美国半导体生态系统中就将创造数万个新的高质量工作岗位，并将为整个美国经济中创造数十万个受支持的工作岗位。随着项目申请过程的进行，宣布的项目数量预计将进一步增长，从而持续壮大美国全国范围内的半导体生态系统。

2023 年 10 月 17 日，美国商务部工业和安全局（BIS）"如期"公布了半导体管制新规，分为以下三个部分：一是调整先进计算芯片出口管制规则；二是调整半导体制造设备的出口管制规则；三是公布了新增的实体清单企业名单。半导体产业链供应链博弈正在成为中美竞争博弈的主战场，美国加速对华脱钩、重振自身半导体产业的战略轮廓逐渐清晰，同时，美国对华实施以半导体为核心的科技战将呈现长期性、谋划性和加剧性的发展趋势。

2. 欧洲

2020 年年底，欧盟 17 国联合发布了《欧洲处理器和半导体科技计划联合声明》，旨在推动欧盟各国联合研究及投资先进处理器及其他半导体技术。该声明提出计划在未来两三年内投入 1450 亿欧元的资金，在 2030 年前欧盟半导体市场份额提升至全球的 20%。

2021 年 3 月，欧盟发布了《2030 数字罗盘：欧洲数字十年之路》，提出了欧洲数字化转型的 2030 年目标，其中就包括在 2030 年前实现芯片产量增加一倍，先进芯片制造全球占比达到 20%，以降低欧盟对美国和亚洲关键技术的依赖。

欧盟《芯片法案》自 2022 年 2 月起草，于 2023 年 7 月正式通过，提出为实现欧盟在全球半导体市场中的份额的战略目标，包括加强研究和技术领导，建设和加强欧洲在先进芯片设计、制造和封装方面的创新能力，在全球半导体供应链中发挥更重要的作用等方面内容。该法案提出，计划通过动员 470 亿美元的公共和私人投资，到 2030 年将欧洲大陆在全球芯片生产中的份额翻一番；计划从最初的先进芯片制造技术目标扩大到整个价值链，包括旧芯片和研发设施。

欧洲《芯片法案》指引下的欧盟政策取向，是巩固原有优势并发展新的优势，同时构建更加平衡、多点、可信任、可替代的供应链依赖关系，增加危机发生时欧盟半导体产业的弹性安全，而非绝对的刚性安全；包含了通过建设半导体公共基础设施，涵养发育全产业链的思路；设计了统一补贴资金出口、保证该出口决策主体的多元化措施。

3. 日本

20 世纪 80 年代后期，日本芯片在全球半导体市场所占份额一度超过 50%，但近几年来已萎缩至 10% 左右，且大多数企业仅能生产低端产品，其芯片 60% 以上依赖进口。日本政府为实现本国经济的复兴，高度重视被称为"产业大米"的芯片产业的复兴和稳定供给。

2021 年 9 月，日本政府召开增长战略会议，确认了对半导体、电动汽车等多个领域追加支持措施的方针，将制定支持政策以引进海外半导体工厂，设立数万亿日元的半导体开发基金，并计划为台积电在日半导体研发拨款 190 亿日元，以拉拢台积电等芯片厂在日设厂。

2022 年 12 月，日本政府宣布为 Rapidus 提供 5 亿美元的初始资金，随后于 2023 年 4 月额外拨款约 23 亿美元。Rapidus 是一家由日本政府及八家日本知名科技企业组成的合资芯片代工企业，旨在到 2027 年实现 2nm 芯片的商业生产。2023 年 2 月，日本政府批准了增加 28 亿美元年度预算，用于补贴芯片制造设备、原材料、功率芯片和微控制器的私人投资。

2023 年 3 月 31 日，日本政府发布有关《外汇及对外贸易法》修订的征求意见稿，将 23 项半导体设备及其相关的设备增列入出口管制的物项。2023 年 5 月 23 日，日本经济产业省正式公布了《外汇法》法令修正案，将先进芯片制造所需的 23 个品类的半导体设备列入出口管理的管制对象，并将于 7 月 23 日正式实施。日本经济产业省发布的清单涉及清洗、成膜、热处理、曝光、蚀刻、检查等 23 个种类，包括 EUV 相关产品的制造设备和三维堆叠存储器的蚀刻设备等。

4. 韩国

近年来，韩国的芯片产业取得了长足的发展，在存储半导体、芯片设计、芯片制造等方面都位居全球前列；在内存芯片领域，韩国已占据统治地位，全球 70% 的内存芯片是三星、SK 海力士生产的。三星电子作为全球第二大半导体制造企业，占全球代工市场的份额约为 17%，仅次于台积电。韩国政府高度重视芯片产业发展，韩国已成为当今全球芯片行业的大赢家之一。

2021 年 5 月 13 日，韩国政府发布了"K-半导体战略"，将在韩国本土规划半导体产业集群，到 2030 年将投资 510 万亿韩元，涉及半导体设计、原材料、生产、零部件、尖端设备等各环节，旨在主导全球半导体供应链。

2023 年 3 月，韩国政府通过了《K-芯片法案》，为大公司提供 15% 的税收抵免，为包括半导体在内的关键国家战略产业的中小型企业提供 25% 的税收抵免。2023 年 4 月，韩国贸易、工业和企业部宣布了工业转型超级项目的计划，该项目将把 70% 的研发预算（约 47 亿美元）用于半导体等核心工业部门。

5. 中国

我国集成电路产业作为支撑经济发展和保障国家安全的战略性、基础性和先导性产业，随着中国经济总量的提升而快速发展，并已成为全球集成电路产业的重要市场之一。在我国集成电路产业国产替代的持续推进，以及新基建、信息化、数字化持续发展的推动下，我国集成电路产业快速发展，产量规模也在持续扩张。

国务院印发的《新时期促进集成电路产业和软件产业高质量发展的若干政策》指出，集成电路产业和软件产业是信息产业的核心，是引领新一轮科技革命和产业变革的关键力量。国家鼓励的集成电路线宽不超过28nm，且经营期在15年以上的集成电路生产企业或项目，第1年至第10年免征企业所得税；国家鼓励的集成电路设计、装备、材料、封装、测试企业和软件企业，自获利年度起，第1年至第2年免征企业所得税，第3年至第5年按照25%的法定税率减半征收企业所得税等优惠政策，助力我国集成电路企业及行业的发展。

《"十四五"软件和信息技术服务业发展规划》提出加强操作系统总体架构设计和技术路径规划。加快技术攻关，部署移动操作系统相关项目，开展移动操作系统适配验证中心建设，推进鸿蒙等操作系统关键技术攻关及适配迁移。推动成立国内首个开源基金会，引导华为等龙头企业积极捐赠并加快孵化重点操作系统开源项目，助力操作系统研发取得进一步突破。

《知识产权公共服务"十四五"规划》指出，加大知识产权数据的集成力度，汇聚专利、商标、地理标志以及集成电路布图设计等各类知识产权基础数据、国际交换数据和部委共享数据，实现与经济、科技、金融、法律等领域互联互通和数据共享。

《"十四五"数字经济发展规划》提出，瞄准传感器、量子信息、网络通信、集成电路、关键软件、大数据、人工智能、区块链、新材料等战略性前瞻性领域，发挥我国社会主义制度优势、新型举国体制优势、超大规模市场优势，提高数字技术基础研发能力。

《关于提高集成电路和工业母机企业研发费用加计扣除比例的公告》（财政部 税务总局 国家发展改革委 工业和信息化部公告2023年第44号）提出，集成电路企业和工业母机企业开展研发活动中实际发生的研发费用，未形成无形资产计入当期损益的，在按规定据实扣除的基础上，在2023年1月1日至2027年12月31日期间，再按照实际发生额的120%在税前扣除；形成无形资产的，在上述期间按照无形资产成本的220%在税前摊销。

（1）北京

北京集成电路产业重点布局在北京经济技术开发区、海淀区、顺义区，其中，集成电路设计重点布局在海淀区，集成电路制造重点布局在北京经济技术开发区、顺义区，集成电路装备重点布局在北京经济技术开发区。北京中关村集成电路设计园汇聚100多家以集成电路设计企业为核心的高新企业，园区总产值已占北京市集成电路设计行业总产值的50%左右；顺义区作为北京第三代半导体产业发展的核心承载地，目前，全区共有三代半和四代半实体企业 22 家，累计总投资额 43.57 亿元，产品以电力电子、微波射频领域为主，第二代化合物半导体企业 8 家，以光电子领域为主，累计总投资额 89.32 亿元。

《关于北京市 2022 年国民经济和社会发展计划执行情况与 2023 年国民经济和社会发展计划的报告》提出，要持续提升高端制造业发展能级，狠抓传统产业改造升级和战略性新兴产业培育壮大，扎实推进高精尖产业集群建设，提升产业链供应链韧性和安全水平。在提升新一代信息技术发展动能方面，北京计划加强集成电路系列重要研发产业项目建设。

目前北京市集成电路产业相关扶持措施如下：

①支持集成电路设计企业开展多项目晶圆或工程产品首轮流片（全掩膜），对符合条件的企业按照流片费用一定比例予以奖励，单个企业奖励金额最高不超过 3000 万元。

②支持高精尖中关村创新企业开展研发的集成电路企业购买符合条件的 EDA 设计工具软件（含软件升级费用），按照实际发生的采购费用一定比例给予奖励，单个企业奖励金额最高不超过 500 万元。

③经过首谈认定且成功引进的符合首都城市战略定位的先进制造业重大项目，项目建设主体在京新增实缴资本不低于 50 亿元或实际利用外资达到 5 亿美元的，由所在区对提供项目引进全程服务的第三方机构给予单个项目不低于 1000 万元的奖励。鼓励各区进一步制定完善本区项目引进的奖励政策。

（2）上海

上海作为国内集成电路产业链最完整、技术水平最高、综合竞争力最强的地区，集聚了超过 1200 家行业重点企业，汇聚了全国 40% 的产业人才，集聚了国内 50% 的行业创新资源，2022 年上海集成电路产业销售规模约为 3000 亿元，同比增长 20%。上海聚焦"全链发展+芯机联动"，在关键技术和装备方面，集成电路 14nm 先进工艺实现规模量产，并在 90nm 光刻机、5nm 刻蚀机、12 英寸大硅片、国产 CPU、5G 芯片等技术产品上打破垄断，有机发光显示技术、新能源与智能网联汽车关键技术等完善技术布局、形成特色优势。在空间布局上，上海集成电路产业呈现"一体两翼"的空间布局，"一体"即浦东新区，"两翼"中一翼（南部）即松江区、金山区、奉贤区、青浦区，一翼（北部）即嘉定区、徐汇区、普陀区、宝山区。

2021 年《上海市电子信息产业发展"十四五"规划》提出，聚焦产业创新策源能力培育，集成电路、智能传感器两个国家级制造业创新中心落户上海，部分领域形成国际竞争力。

2023年1月印发的《上海市提信心扩需求稳增长促发展行动方案》提出，加快发展集成电路、生物医药、人工智能三大产业，制定新一轮三大产业上海方案。

上海2023年的《政府工作报告》提出，在2023年要持续推动"五个中心"功能升级。强化国际经济中心产业支撑，坚持把发展经济的着力点放在实体经济上，加快建设现代化产业体系，深化提升三大先导产业上海方案，提高集成电路装备、材料和设计创新发展能力，促进生物医药创新产品应用推广，优化人工智能自主可控软硬件生态，加快六大重点产业创新突破等。

目前上海市集成电路产业相关扶持措施如下：

①对于零部件、原材料等自主研发取得重大突破并实现实际销售的集成电路装备材料重大项目，支持比例为项目新增投资的30%，支持金额原则上不高于1亿元。

②对于EDA、基础软件、工业软件、信息安全软件等重大项目，项目新增投资可放宽到不低于5000万元，支持比例为项目新增投资的30%，支持金额原则上不高于1亿元。

③支持集成电路和软件企业融资担保服务。鼓励市场化融资担保机构为本市集成电路装备材料企业提供融资担保服务，对担保费率不超过2%对应发生的担保费部分，给予融资担保机构75%的担保费用补贴。推动本市政策性融资担保基金加大为企业提供融资担保服务的力度。

④对于年度主营业务收入首次突破200亿元、100亿元、50亿元、10亿元的集成电路设计企业，分别给予核心团队累计不超过3000万元、2000万元、1000万元、500万元的奖励。

（3）深圳

深圳是我国半导体与集成电路产品的集散中心、应用中心和设计中心。目前，集成电路产业整体规模超过1600亿元，拥有国家级集成电路设计产业化基地、国家第三代半导体技术创新中心、国家示范性微电子学院。在空间布局上，深圳聚焦重点项目和关键领域，形成"东部硅基、西部化合物、中部设计"全市一盘棋的空间布局，以南山、福田、宝安、龙华、龙岗、坪山六个区为重点发展对象，其中龙岗区兼具研发设计和生产制造功能，南山、福田区为研发设计，宝安、龙华、坪山区为生产制造；南山和福田区定位为设计企业集聚区，重点突破高端芯片设计，巩固深圳在集成电路设计领域的优势；宝安和龙华区定位为化合物半导体集聚区，打造从材料到芯片制造再到器件应用的完整的宽禁带半导体产业链条；龙岗和坪山区定位为硅基半导体集聚区，重点推进一系列硅基集成电路重大项目落地，布局从前端研发到芯片制造的产业链条。

2022 年 10 月发布的《深圳市关于促进半导体与集成电路产业高质量发展的若干措施（征求意见稿）》提出，重点支持高端通用芯片、专用芯片和核心芯片、化合物半导体芯片等芯片设计；硅基集成电路制造；氮化镓、碳化硅等化合物半导体制造；高端电子元器件制造；晶圆级封装、三维封装、Chiplet（芯粒）等先进封装测试技术；EDA 工具、关键 IP 核技术开发与应用；光刻、刻蚀、离子注入、沉积、检测设备等先进装备及关键零部件生产；以及核心半导体材料研发和产业化。

目前深圳市集成电路产业相关扶持措施如下：

①深圳集成电路企业年度营业收入首次突破 1 亿元、3 亿元、5 亿元、10 亿元、20 亿元的，分别给予企业核心团队 100 万元、200 万元、300 万元、400 万元、500 万元的一次性奖励，每上一个台阶奖励一次。

②每年由政府主管部门征集产品需求，遴选项目，面向全球招标悬赏任务承接团队，根据项目需求和专家评议结果，对承担并完成核心技术突破任务的单位（或联合体）给予该项技术研发费用最高 50%的资助。

③对集成电路设计、制造、封测公共服务平台提供 EDA 工具和 IP 核、设计解决方案、先进艺流片、先进封测服务、测试验证设备等用于深圳企业开展高端芯片研发支撑服务的，一次性给予平台实际建设投入 20%的资助，最高资助总额不超过 3000 万元。根据平台运行服务的情况，按主营业务收入的 10%给予奖励，每年最高不超过 1000 万元。

④对于深圳企业销售自主研发设计的芯片，且单款芯片产品销售金额累计超过 500 万元的，按当年销售金额最高 10%给予奖励，单款芯片产品年度奖励总额不超过 500 万元。对深圳企业销售自研芯片，且单款销售金额累计超过 2000 万元的，按照不超过当年销售金额的 15%给予奖励，最高 1000 万元。支持深圳企业销售自主研发生产的集成电路关键核心设备和材料的，按照销售金额的最高 30%，一次性给予不超过 1000 万元的奖励。

⑤深圳市各区制定相应的补贴政策，助力深圳市集成电路企业发展。

（4）浙江

2022 年《浙江省集成电路产业发展"十四五"规划》指出，到"十四五"期末，浙江省集成电路产业创新体系基本形成，产业生态不断优化，产业基础显著增强，综合竞争力全面提升，集成电路产业支撑国民经济发展的能力不断提高，实现总营业收入、核心产业规模、晶圆制造产能各增长两倍，建成以高端芯片设计和特色工艺晶圆制造为引领的具有国际影响力的产业集群。

2022 年印发的《新时期促进浙江省集成电路产业和软件产业高质量发展的若干政策》提出了包括构筑高能级创新平台体系、打造一体化公共服务平台、支持产业发展平台建设等政策，指出：获批省级制造业创新中心的，省财政给予 1000 万元补助，升级为国家级的，再给予 3000 万元奖励；对列入省级重点工业互联网平台建设的单位给予 500 万元补助；打造杭州国家"芯火"双创基地、浙江省互补金属氧化物半导体（CMOS）集成电路成套工艺与设计技术创新中心两大平台；建设集成电路"万亩千亿"新产业平台、集成电路特色小镇、软件名城，推动产业协同发展。

2023 年印发的《浙江省国家标准化创新发展试点工作方案》指出，要加快集成电路、半导体、精密制造、新一代通信网络、先进基础材料等关键核心技术标准研制，推动智能感知、智能计算、区块链、低碳能源、医疗器械等重要领域技术研发和标准研制同步开展，加快新技术标准化产业化。

（5）苏州

苏州为促进集成电路产业的良性发展，政府给予园区入驻企业一定的资金支持和税收优惠。政府为集成电路产业培育高端人才，提供相关培训和奖励措施，推动集成电路产业与其他相关产业的融合发展，建立完善的产业链条，加大知识产权保护力度，提高产业创新能力，通过引进外资、鼓励技术创新等多种手段，营造良好的投资环境，吸引更多企业来苏州投资。

2021 年 3 月印发的《苏州市国民经济和社会发展第十四个五年规划和二〇三五年远景目标纲要》指出，强化源头创新和加快关键核心技术突破，在第三代半导体、量子通信等前沿领域取得实质性进展，在集成电路、生物医药、人工智能、新材料等重点领域开展一批重大科技攻关项目。

2021 年 4 月印发的《苏州市促进集成电路产业高质量发展的若干措施》又提出以下措施：

①鼓励企业做大做强。对年销售收入首次突破 1 亿元、5 亿元、10 亿元的集成电路设计企业，分别给予 200 万元、300 万元、500 万元晋档补差奖励。对年销售收入首次突破 10 亿元、50 亿元、100 亿元的集成电路制造、封

装测试、关键装备和材料企业，分别给予最高 200 万元、500 万元、1000 万元晋档补差奖励。

②鼓励企业对外并购。支持企业对外开展企业并购及技术收购，对于收购成功的企业，根据收购标的给予最高 1000 万元的奖励。

③鼓励重大项目落地。对重大集成电路设计、制造、封测以及配套材料、设备项目落地，做好集成电路窗口指导服务工作，采用"一事一议"方式，给予财政补贴。

④支持设计工具研发。对从事集成电路 EDA 设计工具研发的企业，每年给予 EDA 研发费用最高 30% 的研发补助，最高补助 1000 万元等，助力本市集成电路企业发展。

2023 年 8 月 17 日，苏州市发布的《关于大力提升数字技能助推苏州产业创新集群融合发展十条举措》提出：

①瞄准苏州数字经济时代产业创新集群发展需求，围绕人工智能、智能制造、工业互联网、区块链、集成电路等数字技术领域，着力构建富有特色的数字技能人才引育政策体系。

②大力弘扬数字时代劳模精神、劳动精神、工匠精神，选树一批数字技能标杆企业、优秀数字工匠。

③加大政策解读和典型宣传力度，强化示范引领，扩大数字技能的影响力和知晓度，让更多人认识数字技能、学习数字技能、运用数字技能，营造良好的数字技能人才发展环境。

2023 年 8 月 27 日，苏州市发布的《苏州市关于推进算力产业发展和应用的行动方案》提出，苏州将大力推进算力发展和应用，到 2025 年算力产业创新集群规模达 4000 亿元，成为有全国影响力的算力创新中心、算力应用中心和算力产业高地。该行动方案将对相关企业、机构等给予资金助力，具体措施如下：

①给予大模型建设方每年最高 300 万元，最多 3 年的算力成本补贴。

②支持高校、科研院所、企业等创新主体开展算力关键核心技术研发，单个项目给予最高 200 万元的资金支持。对集成电路设计企业开展流片验证，单个企业最高奖励 1000 万元。对专业从事集成电路 EDA 设计工具研发的企业，最高补助 1000 万元。

1.1.6 引领产业发展的国内外龙头企业

1. 国际龙头企业

（1）芯片设计

芯片不仅是信息时代的基石，也是国家科技实力的重要体现。在全球芯片产业链中，芯片设计是最具创新性和附加值的环节，也是最能反映一个国家或地区在芯片领域的竞争力的指标。近年来，随着5G、AI、物联网等新技术的发展，芯片设计行业迎来了新的机遇和挑战，各国和地区的芯片设计企业也在不断创新和竞争，形成了各自的优势和特色。

表1-1为全球市场研究机构集邦咨询发布的2023年第一季度全球前十大IC设计企业营收排名[①]。

表1-1　2023年第一季度全球前十大IC设计企业营收排名

排名	企 业	2023年第一季度营收/亿美元	2022年第四季度营收/亿美元	环比/%	2023年第一季度市占率/%	2022年第四季度市占率/%
1	高通	79.42	78.92	0.6	23.5	23.3
2	博通	69.08	71.02	−2.7	20.4	21.0
3	英伟达	67.32	59.31	13.5	19.9	17.5
4	超威	53.53	55.99	−4.4	15.8	16.5
5	联发科技	31.47	34.49	−8.8	9.3	10.2
6	美满电子	13.54	14.58	−7.1	4.0	4.3
7	联咏科技	7.91	7.15	10.7	2.3	2.1
8	瑞昱	6.46	6.94	−7.0	1.9	2.1
9	上海韦尔半导体	5.39	5.31	1.3	1.6	1.6
10	芯源系统	4.51	4.60	−1.9	1.3	1.4

注：①此排名仅统计公开财报之前十大厂商；②高通仅计算OCT部门营收，英伟达扣除了OEM/IP营收，博通仅计算其半导体部门营收，上海韦尔半导体仅计算其半导体设计及营销营收；③NTD：USD exchange rate = 1Q23 30.393；4Q22 31.337；④RMB：USD exchange rate = 1Q23 6.8423；4Q22 7.1120。

数据来源：TrendForce, Jun., 2023.

---

① TrendForce. 2023年第一季全球前十大IC设计公司排名［R/OL］.（2023-07-09）［2024-04-24］. https://www.eefocus.com/article/1564947.html.

高通公布了截至 2023 年 3 月 26 日的第一季度业绩。季度总营收 79.42 亿美元，上年同期为 111.64 亿美元。其中，设备和服务营收 78.46 亿美元，上年同期为 94.17 亿美元。许可授权营收 14.29 亿美元，上年同期为 17.47 亿美元。季度净利润 17.04 亿美元，上年同期为 29.34 亿美元。

博通公布了截至 2023 年 4 月 30 日的第一财季业绩。季度净营收 69.08 亿美元，上年同期为 81.03 亿美元。季度净利润 34.81 亿美元，上年同期为 25.15 亿美元。其中，半导体业务营收 68.08 亿美元，上年同期为 62.29 亿美元，同比增长 9%。软件业务营收 19.25 亿美元，上年同期为 18.74 亿美元，同比增长 3%。

英伟达公布了截至 2023 年 4 月 30 日的第一财季业绩。季度营收为 67.32 亿美元，上年同期为 82.88 亿美元，同比下降 13%。包括 AI 显卡在内的数据中心业务收入创历史新高，营收为 42.8 亿美元，同比增长 14%，环比增长 18%。游戏业务营收 22.4 亿美元，同比下降 38%，环比增长 22%。第一季度净利润 20.43 亿美元，上年同期为 16.18 亿美元，同比增长 26%。

超威公布了 2023 年第一季度业绩，其自 2019 年以来首次出现季度销售下滑。营业收入为 53.53 亿美元，上年同期为 58.87 亿美元，同比下降 9%。营业亏损 1.45 亿美元，上年同期营业利润 9.51 亿美元。第一季度净亏损 1.39 亿美元，上年同期净利润 7.86 亿美元。数据中心事业部营收 12.95 亿美元，客户事业部营收 7.39 亿美元，游戏事业部营收 17.57 亿美元。

联发科技公布了 2023 年第一季合并财务报告。本季合并营收为约 31.47 亿美元，较上年同期减少 33%。本季营业利润 143.69 亿元，同比减少 60.6%。归属母公司业主净利润 168.74 亿元，同比减少 49.3%。

美满电子公布了截至 2023 年 4 月 29 日的第一财季业绩。季度净营收 13.22 亿美元，上年同期为 14.47 亿美元。季度净亏损 1.69 亿美元，上年同期净亏损 1.66 亿美元。

联咏科技因电视相关零部件库存回补效应，带动的系统单芯片与面板驱动 IC 两大平台业务分别环比增长 24% 和 2%，第一季度营收增长 10.7%，达到 7.91 亿美元，市占率为 2.3%，维持在第七。

上海韦尔半导体在 2023 年首季实现营业收入 43.35 亿元（约 5.39 亿美元），归属母公司净利润 1.99 亿元，环比扭亏为盈；经营活动产生的现金流量净额 13.83 亿元，同比增加 273.43%。存货指标得到进一步改善，第一季度末公司存货 107.69 亿元，相较 2022 年末的 123.56 亿元及 2022 年第三季度末的 141.13 亿元，连续两个季度下降。

芯源系统则以第一季度营收 4.51 亿美元、环比减少约 1.9% 的营收情况，仍挺进前十。

（2）晶圆代工

研究机构集邦咨询在其研究报告中指出，2023 年第二季度全球前十大晶圆代工产值仍持续下滑，季减约 1.1%，达 262 亿美元。

表 1-2 为 2023 年第二季度全球前十大晶圆代工业者营收排名①。集邦咨询研究机构表示，对于下滑的原因，一方面，电视部分零部件库存落底，加上手机维修市场畅旺推动了触控与显示驱动器集成（TDDI）的需求，第二季度供应链出现零星急单，成为支撑第二季度晶圆代工产能利用与营收主要动能，不过此波急单效益应难延续至第三季度。另一方面，主流消费产品如智能手机、PC 及笔记本电脑等需求仍较弱，导致高价先进制程产能利用率持续低迷，同时，汽车、工控、服务器等原先相对稳健的需求进入库存修正周期。

表 1-2　2023 年第二季度全球前十大晶圆代工业者营收排名

序号	企业名称	收入			市场份额	
		2023 年第二季度/亿美元	2023 年第一季度/亿美元	环比/%	2023 年第二季度/%	2023 年第一季度/%
1	台积电	156.56	167.35	-6.4	56.4	60.2
2	三星电子	32.34	27.57	17.3	11.7	9.9
3	格芯	18.45	18.41	0.2	6.7	6.6
4	台联电	18.33	17.84	2.8	6.6	6.4
5	中芯国际	15.60	14.62	6.7	5.6	5.3
6	华虹集团	8.45	8.45	0.0	3.0	3.0
7	高塔半导体	3.57	3.56	0.3	1.3	1.3
8	力积电	3.30	3.32	-0.5	1.2	1.2
9	世界先进	3.21	2.69	19.1	1.2	1.0

① TrendForce. 2023 年第二季度全球前十大晶圆代工业者营收排名［R/OL］.（2024-03-12）［2024-04-24］. https://www.zhitongcaijing.com/content/detail/1085135.html.

续表

序号	企业名称	收入			市场份额	
		2023 年第二季度/亿美元	2023 年第一季度/亿美元	环比/%	2023 年第二季度/%	2023 年第一季度/%
10	晶合集成	2.68	1.62	65.4	1.0	0.6
	总计	262.49	265.43	-1.1	95	95

注：①2023 年第一季度，1 美元兑换 1276 韩元，1 美元兑换 30.4 台币；②2023 年第二季度，1 美元兑换 1316 韩元，1 美元兑换 30.7 台币；③三星仅计入晶圆代工事业部之营收；④力积电仅计入晶圆代工营收；⑤华虹集团包含华虹宏力及上海华力；⑥华虹集团 2023 年第二季度营收为集邦咨询的预估值。

进入榜单前十名的中国大陆晶圆代工厂有中芯国际、华虹集团和晶合集成三家，中国台湾晶圆代工厂有台积电、台联电、力积电以及世界先进。此外，还有韩国的三星电子、美国的格芯公司、以色列的高塔半导体。

台积电在全球晶圆代工业中仍然处于断层第一的位置，但其营收在继续衰退。2023 年第二季度营收为 156.56 亿美元，环比减少 6.4%，市场份额占 56.4%。其中，7nm 和 6nm 制程营收有增长，但 5nm 和 4nm 制程营收则呈衰退趋势。由于第三季度将进入 iPhone 新机的生产周期，带动对晶圆及其他相关部件的需求，再加上 3nm 高价制程贡献的营收，台积电第三季度营收止跌回升。

三星电子第二季度的晶圆代工业营收为 32.34 亿美元，环比增长 17.3%（仅计入晶圆代工营收），市场份额占 11.7%。第三季度同样受总体经济形势影响，导致安卓智能手机、PC 及笔记本电脑等主流需求不明，8 英寸产能利用率持续下探，尽管第三季度开始将有苹果新机带来备货活动，但营收成长幅度有限。

格芯公司第二季度营收与第一季度大致持平，环比增长仅 0.2%，为 18.45 亿美元，市场份额占 6.7%。其中，智能手机及车用领域等营收均有增长，网通领域则有缩减。预计第三季度一样会受到总体经济形势的影响，但格芯能承接来自美国航天、国防、医疗等特殊领域的芯片代工，且车用相关订单与客户签订长期合约而较为稳定，有效支撑了格芯的产能利用率，故预计第三季度营收应与上一季度持平。

台联电第二季度营收约 18.33 亿美元，环比增长 2.8%，市场份额占 6.6%。台联电第二季度的增长主要受惠于 TV SoC、Wi-Fi SoC 等急单需求。由于终端消费未有全面复苏迹象，第三季度急单效应开始消退，预计产能利用率及营收均会下滑。

中芯国际第二季度营收环比增长 6.7%，达 15.60 亿美元，市场份额占 5.6%。作为排名最靠前的中国大陆晶圆厂，受到国产替代效应的影响，中芯国际总产能利用率整体较第一季度有所回升。尽管当年旺季效应较弱，但中芯国际出货与产能利用率有望持续改善，从而带动第三季度的营收增长。

华虹、高塔半导体、力积电第二季度的营收大致与上一季度持平或略减，预计第三季度营收走势趋同于第二季度。

第二季度供应链的几单大多都来自面板产业，所以世界先进、晶合集成受到激励影响，营收分别位列第九和第十。

根据集邦咨询预期，2023 年下半年的旺季需求相对往年较弱，但在第三季度，如应用处理器（AP）、调制解调器（modem）等高价主芯片及周边 IC 订单有望支撑苹果供应链伙伴的产能利用率。

此外，华为旗舰 Mate 60 系列的回归，将再现与 iPhone 抢占市场销售额的画面，这也会使市场现状发生变化。

整体而言，2023 年第三季度全球前十大晶圆代工产值将有望自谷底反弹，后续缓步增长。

（3）IC 封测

中国大陆封测厂商在全球化竞争中已占据重要地位，三家龙头厂商稳居行业营收前十位。根据芯思想研究院（Chip Insights）2022 年全球委外封测榜单可知（见表 1-3），2022 年全球前三大封测厂商分别为日月光集团、安靠科技和长电科技，市占率合计 51.9%，行业集中度较高。在 2022 年营收前三十榜单中，中国大陆企业上榜四家，其中长电科技、通富微电和华天科技稳居前十。

表 1-3　2022 年海内外主要封测厂商营收排名

营收排名	企业名称	国家/地区	营收/美元	营收增长/%	净利润/美元	毛利率/%	研发营收比/%
1	日月光	中国台湾	12325.0	2.9	1951.0	28.4	5.6
2	安靠科技	美国	7091.6	15.5	765.8	18.8	2.1
3	长电科技	中国大陆	4847.7	5.4	463.9	17.1	3.9
4	通富微电	中国大陆	3076.8	28.8	67.3	13.9	6.2
5	力成科技	中国台湾	2752.7	-7.1	283.5	20.8	2.9

续表

营收排名	企业名称	国家/地区	营收/美元	营收增长/%	净利润/美元	毛利率/%	研发营收比/%
6	华天科技	中国大陆	1709.5	−5.9	146.8	16.9	5.9
7	京元电子	中国台湾	11209.5	1.1	223.1	35.6	3.4
8	顾邦科技	中国台湾	822.8	−17.4	202.6	32.7	3.2
9	南茂科技	中国台湾	786.6	20.0	119.8	21.0	4.9
10	HANA	韩国	690.0	19.6	—	19.3	3.6

日月光集团，即日月光半导体制造股份有限公司，它作为目前全球最大的封装测试厂商，于 2022 年推出了 VIPack 先进封装平台，提供垂直互联整合封装解决方案。此平台利用先进的重布线层（RDL）制程、嵌入式整合以及 2.5D/3D 封装技术实现超高密度和性能设计的三维异质封装结构，主要由六大核心封装技术组成。

安靠科技，即安靠国际科技公司，它作为第二大封测龙头厂商，一直致力于开发包括硅通孔、穿塑通孔、铜柱、铜混合键合等在内的技术工艺，目前主要有晶圆级芯片封装（WLCSP）、晶圆级扇出型封装（WLFO）、3D 堆叠（WL3D）、双面模塑球栅阵列（DSMBGA）、毫米波天线（AiP/AoP）和硅晶园集成扇出式（SWIFT/HDFO）六大先进封装技术。其中 SWIFT/HDFO 封装是一项高密度扇出技术，它可以在日益紧凑的封装结构中通过 RDL（重布线层）技术将多组晶片组装在一起，弥合了 TSV 和 WLFO 封装之间的差距。一般来说，SWIFT 设计有 4 层 RDL，第 1 层和第 3 层用于信号路由，第 2 层充当接地层，第 4 层则作为某个平面或用于铜柱互连。

长电科技，即江苏长电科技股份有限公司，在全球封测厂商中排名第三，在国内的半导体封测厂商中排名第一。公司成立于 1972 年，于 2016 年并购星科金朋后进入发展快车道。公司拥有三大研发中心及六大生产基地，本部包括江阴、滁州、宿迁三大厂，覆盖传统高中低端封装，星科金朋（包括韩国、新加坡、江阴公司）、长电科技旗下的江阴长电先进和长电韩国工厂则以先进封装为主。公司于 2023 年 1 月宣布其 XDFOI Chiplet 高密度多维异构集成系列工艺已按计划进入稳定量产阶段，能够为国际客户提供 4nm 节点芯片系统的集成，最大封装体面积约为 $1500mm^2$。该项技术可以在高性能计算、人工智能、5G、汽车电子等领域应用，为客户提供了外形更轻薄、数据传输速率更快、功率损耗更小的芯片成品制造解决方案。

通富微电，即通富微电子股份有限公司。公司在全球封测厂商中排名第五，在国内封测厂商中排名第二。据芯思想研究院发布的 2022 年全球委外封测榜单，通富微电 2022 年营收规模首次进入全球四强。公司产品种类丰富，广泛应用于高性能计算、大数据存储、网络通信、移动终端、车载电子、人工智能、物联网、工业智造等领域。公司共设有七大生产基地，分别为崇川总部、南通通富、合肥通富、通富超威苏州、通富超威槟城、厦门通富和通富通科。公司已覆盖多个先进封装工艺，自建 2.5D/3D 产线全线通线。

华天科技，即天水华天科技股份有限公司。公司在全球封测厂商中排名第六，在国内封测厂商中排名第三。公司产品主要应用于计算机、网络通信、消费电子及智能移动终端、物联网、工业自动化控制、汽车电子等领域。公司目前主要封装产品可分为三类：引线框架类产品，主要包括 DIP/SOP、QFP、QFN、FCQFN、SOT、DFN；基板类产品，主要包括 WBBGA/LGA、FCCSP/FCLGA、FCBGA、SiP；晶圆级产品，定位高端产品，主要包括 WLP系列、TSV 系列、凸块制造（Bumping）系列和微机电（MEMS）系列等。

2. 国内龙头企业

集成电路产业不仅是信息产业的核心，还是引领新一轮科技革命和产业变革的关键力量。在全球经济陷入下行危机的情况下，智能手机、PC 等终端市场需求持续疲软，导致半导体库存调整周期一再拉长。

（1）IC 设计

①CPU：中科曙光、澜起科技、海光信息、中国长城。

②GPU：景嘉微。

③FPGA：紫光国微、上海复旦。

④存储芯片：兆易创新、北京君正、深科技、东芯股份、德明利、佰维存储、江波龙、国科微。

⑤指纹识别：汇顶科技、兆易创新。

⑥摄像头 CIS 芯片：韦尔股份、格科微、汇顶科技。

⑦射频芯片：卓胜微、三安光电、紫光国微。

⑧模拟芯片：圣邦股份、韦尔股份、汇顶科技。

⑨功率芯片：闻泰科技、斯达半导、士兰微、捷捷微电、晶丰明源。

⑩数字芯片：晶晨股份、乐鑫科技、瑞芯微、全志科技。

以下着重介绍在 IC 设计领域较突出的几家国内龙头企业，相关企业数据截至 2023 年 4 月。

景嘉微：在图形显控领域拥有图形显控模块、图形处理芯片、加固显示器、加固存储和加固计算机五类产品，其中图形显控模块是公司最为核心的产品。毛利率64.82%，资产收益率5.71%，每股收益0.38元，每股资本公积金3.12元，每股未分配利润2.48元，市净率15.97，每股净资产6.88元，总市值为503.28亿元。国家集成电路产业投资基金股份有限公司持有超3678万股。

中国长城：国内首台半导体激光隐形晶圆切割机研制成功，填补了国内该领域的研发空白，在关键性能参数上处于国际领先地位。毛利率22.33%，每股资本公积金1.48元，每股未分配利润1.34元，市净率3.20，每股净资产4.11元，总市值为424.52亿元。产业投资基金有限责任公司持有超5730万股，香港中央结算有限公司持有超5404万股。

紫光国微：国内领先的智能安全芯片、特种集成电路、存储器芯片研制企业；主要业务为集成电路芯片设计与销售，包括智能芯片产品、特种集成电路产品和存储器芯片产品。毛利率63.80%，资产收益率31.06%，每股收益3.10元，每股资本公积金0.76元，每股未分配利润9.27元，市净率10.23，每股净资产11.21元，总市值为974.60亿元。香港中央结算有限公司持有超2575万股。

兆易创新：国内存储芯片设计龙头，是A股中技术最为先进的存储厂商，半导体存储器领域领导企业，主要产品为闪存芯片。毛利率48.46%，资产收益率14.31%，每股收益3.16元，每股资本公积金12.37元，每股未分配利润8.81元，市净率5.72，每股净资产22.80元，总市值为870.53亿元。香港中央结算有限公司持有超2830万股，国家集成电路产业投资基金股份有限公司持有超2078万股。

北京君正：掌握嵌入式CPU核心技术并成功市场化的极少数本土企业之一；其存储芯片和模拟芯片均已在汽车领域量产销售。国际上主要的Tier1厂商，如德国大陆集团（Continental）、博世集团（BOSCH）、法国法雷奥集团（Valeo）等均是其客户。毛利率38.56%，资产收益率7.33%，每股收益1.64元，每股资本公积金18.37元，每股未分配利润3.96元，市净率4.55，每股净资产23.31元，总市值为510.70亿元。

韦尔股份：全球CIS芯片排名前三的厂商，其互补金属氧化物半导体（CMOS）高清摄像头是超高清视频主要的视频采集设备；公司车载CIS芯片市占率为29%，位居全球第二，拥有从环视到高级辅助驾驶（ADAS）以及自动驾驶等车载应用所需的全套成像解决方案，具备雄厚的竞争实力。毛利率 30.75%，资产收益率 5.80%，每股收益 0.84 元，每股资本公积金 7.28 元，每股未分配利润 7.23 元，市净率 6.99，每股净资产 15.00 元，总市值为 1242.68 亿元。香港中央结算有限公司持有超 9235 万股，青岛融通民和投资中心（有限合伙）持有超 3135 万股。

斯达半导：国内绝缘栅双极晶体管（IGBT）领域领军企业，国内唯一进入全球前十的 IGBT 模块供应商。毛利率 40.30%，资产收益率 15.30%，每股收益 4.79 元，每股资本公积金 23.36 元，每股未分配利润 8.74 元，市净率 8.29，每股净资产 33.62 元，总市值为 476.06 亿元。浙江兴得利纺织有限公司持有超 2223 万股，香港中央结算有限公司持有超 1739 万股，全国社保基金四一六组合持有超 169 万股，挪威中央银行-自有资金持有超 118 万股。

（2）晶圆代工

根据集微咨询的统计数据，2022 年中国晶圆代工企业 TOP10 见表 1-4。2022 年中国本土晶圆代工产业规模为 1035.8 亿元，同比增长 47.5%。[①]

表 1-4　2022 年中国晶圆代工企业 TOP10

排名	企业
1	中芯国际
2	华虹集团
3	晶合集成
4	华润微电子
5	中芯集成
6	武汉新芯
7	积塔半导体
8	粤心半导体
9	燕东微电子
10	方正微电子

中芯国际：国内技术最先进、配套最完善、规模最大、跨国经营的集成电路制造企业集团；主要从事集成电路晶圆代工业务，以及相关的设计服务

---

① 集微咨询. 2022 年中国晶圆代工行业研究报告［R/OL］.（2023-05-18）［2024-04-20］. https://new.qq.com/rain/a/20230518A09O4200.

与 IP 支持、光掩模制造、凸块加工及测试等配套服务。毛利率 38.10%，资产收益率 10.01%，每股收益 1.53 元，每股资本公积金 12.58 元，每股未分配利润 3.91 元，市净率 3.49，每股净资产 16.86 元，总市值为 4662.22 亿元。鑫芯（香港）投资有限公司持有 6.1721 亿股，国家集成电路产业投资基金二期股份有限公司持有超 1.2745 亿股。

表中未提及的其他企业有：

芯朋微：工信部认定的集成电路设计企业、科技部认定的高新技术企业；主要产品为电源管理芯片，目前在产的电源管理芯片共计超过 500 个型号。毛利率 41.15%，资产收益率 6.09%，每股收益 0.79 元，每股资本公积金 8.50 元，每股未分配利润 3.90 元，市净率 6.69，每股净资产 12.98 元，总市值为 98.36 亿元。国家集成电路产业投资基金股份有限公司持有 750 万股，华林创新投资有限公司持有超 141 万股。

闻泰科技：在全球手机 ODM 行业中处于龙头地位，旗下安世半导体是全球半导体行业分立器件龙头之一，其车用低压 Power MOS 芯片的市场占有率居世界第二位。毛利率 18.42%，资产收益率 5.59%，每股收益 1.57 元，每股资本公积金 20.12 元，每股未分配利润 6.23 元，市净率 2.41，每股净资产 27.42 元，总市值为 822.61 亿元。香港中央结算有限公司持有超 4826 万股，珠海格力电器股份有限公司持有超 3585 万股。

（3）IC 封测

表 1-5 为 2022 年中国封装测试企业 TOP10[①]，这里主要介绍排名前两位的企业。

表 1-5　2022 年中国封装测试企业 TOP10

排名	企业
1	长电科技
2	通富微电
3	华天科技
4	联测控股
5	沛顿科技
6	甬矽微电子

① 集微咨询. 2022 年中国晶圆代工行业研究报告［R/OL］.（2023-05-18）［2024-04-20］. https://new.qq.com/rain/a/20230518A09O4200.

续表

排名	企业
7	华润微
8	盛合晶微
9	颀中科技
10	宏茂微

长电科技：世界第三、国内大陆第一的芯片封测龙头；全球领先的集成电路制造和技术服务提供商，提供全方位的芯片成品制造一站式服务，包括集成电路的系统集成、设计仿真、技术开发、产品认证、晶圆中测、晶圆级中道封装测试、系统级封装测试、芯片成品测试，并可向世界各地的半导体客户提供直运服务。毛利率 17.04%，资产收益率 14.19%，每股收益 1.82元，每股资本公积金 8.47 元，每股未分配利润 4.02 元，市净率 2.54，每股净资产 13.85 元，总市值为 626.94 亿元。国家集成电路产业投资基金股份有限公司持有超 2.3689 亿股，香港中央结算有限公司持有超 4269 万股。

通富微电：专业从事集成电路的封装和测试业务，拥有年封装 15 亿块集成电路、测试 6 亿块集成电路的生产能力，是国内目前规模最大、产品品种最多的集成电路封装测试企业之一。毛利率 13.90%，资产收益率 4.50%，每股收益 0.37 元，每股资本公积金 6.19 元，每股未分配利润 1.76 元，市净率2.39，每股净资产 9.14 元，总市值为 330.94 亿元。国家集成电路产业投资基金股份有限公司持有超 2.0108 亿股，香港中央结算有限公司持有超 2267万股。

3. 我国苏州市重点企业

苏州工业园区全力促进产才融合，持续壮大产业规模，全力打造"'设计—制造—封测'+'专用设备和材料'"的完整产业链。截至 2022 年年底，园区集成电路产业实现营收 804 亿元，增长 14%，其中设计、制造、封测核心三业达 481 亿元；集成电路领域累计获评科技领军人才 141 名，领军人才企业 108 家，从业人员近万人。

（1）超威半导体技术（中国）有限公司

超威半导体技术（中国）有限公司位于中国苏州工业园区，是尖端的微处理器（CPU）制造企业，主要从事 CPU 的测试。公司于 2004 年 3 月正式注册成立，获准总投资额为 1 亿美元，建筑面积约为 12000 平方米。

（2）三星电子（苏州）半导体有限公司

三星电子（苏州）半导体有限公司位于美丽的金鸡湖畔，是韩国三星电子株式会社于 1994 年 12 月在苏州工业园区独资兴办的半导体组装和测试工厂。公司投资总额 1.5 亿美元，注册资本 5000 万美元。主导产品为 SOP、DIP、QFP、TR 等。

（3）和舰科技（苏州）有限公司

和舰科技（苏州）有限公司坐落于驰名中外的苏州工业园区，是一家具有雄厚外资、制造尖端集成电路的一流晶圆专工企业。第一座 8 寸晶圆厂于 2003 年 5 月正式投产，总投资超过 12 亿美元，最大月产量可达 6 万片。和舰是国内同行业中在最短时间内达成单月、单季损益平衡，并以高效率生产能力及高水平工艺技术，创造了持续获利的优异业绩的晶圆专工企业。

（4）芯三代半导体科技（苏州）有限公司

芯三代半导体科技（苏州）有限公司是一家根植本土、拥有全球高端人才和自主知识产权的尖端半导体芯片制造设备公司，致力于建立以中国为基地、世界领先的第三代半导体产业关键设备和核心技术平台。公司于 2020 年在苏州工业园区创立，位于交通便利的金鸡湖畔。

（5）共模半导体技术（苏州）有限公司

共模半导体技术（苏州）有限公司于 2021 年 2 月成立，位于苏州市苏州工业园区国际科技园四期，致力于高性能模拟电路的研发及销售，产品涉及射频集成电路、模拟数字转换器、模拟电源、保护器件及高性能混合信号 SoC 等，广泛应用于工业、电力、通信、汽车、医疗及安全等多个领域，产品形态包括芯片和应用方案。

（6）苏州晶方半导体科技股份有限公司

苏州晶方半导体科技股份有限公司于 2005 年 6 月成立于苏州，是一家致力于开发与创新新技术，为客户提供可靠的、小型化、高性能和高性价比的半导体封装及测试量产服务商。晶方科技的 CMOS 影像传感器晶圆级封装技术彻底改变了封装的世界，使高性能、小型化的手机相机模块成为可能。

（7）日月光集团

日月光集团成立于 1984 年，长期提供全球客户最佳的服务与最先进的技术。公司成立至今，专注于提供半导体客户完整之封装及测试服务，包括晶片测试程式开发、前段工程测试、基板设计与制造、晶圆针测、封装及成品测试的一元化服务。客户也可以透过日月光集团的子公司环隆电气，获得完善的电子制造服务整体解决方案。

（8）苏州纳芯微电子有限公司

苏州纳芯微电子有限公司成立于2013年5月，致力于高性能集成电路芯片的设计、开发、生产和销售，是国内第一家专业面向传感器系统，提供一站式传感器IC解决方案和持续技术支持的IC设计公司。公司在MEMS、微小信号采集、混合信号链处理以及传感器校准等领域拥有独立知识产权和丰富的IP积累，提供传感器调理芯片成品及晶圆，并提供传感器IC一站式设计服务。

1.2　国内及苏州市集成电路企业发展趋势

本节首先调查集成电路产业国内重点企业的基本状况，通过充分的市场调研，分析了市场竞争要素以及市场对产业发展的反馈影响；清楚区分技术引领者、市场主导者、产业跟随者和新进入者；并梳理国际与国内现有企业的竞争、替代技术或替代品的威胁、新进入者的威胁，通过人才、技术、资源等要素在市场中的平衡点和交叉点，找出促使市场出现拐点的主要因素。

其次，充分调研苏州市集成电路企业发展概况，重点介绍苏州市集成电路产业发展现状，如市场信息、企业经营业绩、主要产品等，明确苏州市集成电路企业发展的优势与不足，通过人才、资金、技术等资源的合理配置，提出进一步提升苏州市集成电路产业高质量发展的举措。

1.2.1　国内集成电路企业发展趋势

当前中国集成电路企业整体发展处于快速增长期。我国政府出台了大量政策扶持集成电路产业的发展，吸引了大量投资和人才。同时，中国企业也在不断加强技术创新和自主研发能力，以提升产品质量和竞争力。尽管面临国际市场和技术壁垒等挑战，但整体趋势依然向好，有望在未来几年进一步发展壮大。

就产业规模而言，随着政府扶持政策的出台，中国集成电路产业规模不断扩大。据统计，2019年中国集成电路市场规模达到了3317亿元，同比增长14.6%。同时，中国集成电路产业集聚效应明显，形成了以北京、上海、深圳、武汉等地为代表的多个高新技术产业园区，进一步推动了产业规模的扩大。

目前，中国集成电路企业在存储器、传感器、功率芯片等领域均拥有一定优势。例如，在存储器领域，华为旗下公司海思半导体已经成为全球第三大 DRAM 供应商；在传感器领域，中芯国际、华虹集团等企业也在不断加强研发和生产能力；而在功率芯片领域，长电科技、英飞凌等企业的市场份额也在不断提升。

当前，中国集成电路企业在技术创新方面呈现出强烈的活力。多家企业加大了研发投入，拥有自主知识产权的芯片数量不断增加。此外，中国政府也出台了一系列政策鼓励企业进行技术创新和自主研发，为企业的技术升级提供了支持。

尽管面临着国际市场和技术壁垒等挑战，但中国集成电路产业未来发展空间依然广阔。随着 5G、人工智能、物联网等领域的快速发展，集成电路市场需求将进一步扩大；同时，政府也将继续出台支持政策，为企业发展提供条件。因此，中国集成电路企业未来有望在技术、产业规模和市场份额等方面实现更快速的增长。

1.2.2　苏州市集成电路企业发展趋势

苏州市集成电路领域共集聚了 300 多家重点企业（部分企业详情见表 1-6），主要分布在苏州工业园区、虎丘区、昆山市等地。

表 1-6　苏州集成电路产业企业列表

企业	简介	营收	产品	目标市场	知识产权情况
中芯国际（苏州）有限公司	中芯国际是中国大陆首家专业芯片制造企业，总部位于上海市张江高科技园区。旗下苏州工厂是全球最先进的晶圆代工工厂之一，拥有 12 英寸晶圆代工能力。目前主要生产 DRAM、NOR（或非型）闪存（NOR Flash）等存储芯片产品	2022 年第一季度营收为 31.5 亿美元	DRAM、NOR 闪存等存储芯片产品	全球范围内的芯片需求市场	持有超过 5000 项专利和专利申请
华虹集团苏州半导体有限公司	华虹集团苏州半导体有限公司是一家半导体晶圆制造企业，致力于为客户提供具有良好性能和质量的芯片，包括逻辑芯片、存储芯片和模拟/混合信号芯片等产品	2021 年实现营业收入 57.4 亿元	逻辑芯片、存储芯片和模拟/混合信号芯片等产品	全球范围内的芯片需求市场	持有超过 3000 项专利和专利申请

续表

企业	简介	营收	产品	目标市场	知识产权情况
中微半导体（苏州）有限公司	中微半导体是一家专业从事模拟、混合信号 IC 设计开发的高科技企业。主要产品包括 MOSFET/IGBT 驱动器、LED 驱动器、电源管理芯片等	2021 年实现营业收入约 5 亿元	MOSFET/IGBT 驱动器、LED 驱动器、电源管理芯片等	全球范围内的半导体市场	持有多项授权专利
苏州长电科技股份有限公司	苏州长电科技股份有限公司是一家集成电路封装及测试服务商，提供先进的封装、测试解决方案和优质服务，主要产品涵盖手机及通信设备、计算机及数据设备、消费性电子以及汽车等行业	2022 年第一季度营收为 6.88 亿美元	晶圆封装、测试解决方案等	全球范围内的半导体市场	持有多项授权专利
苏州富凌微电子股份有限公司	苏州富凌微电子股份有限公司是一家专注于模拟 IC 设计的高科技企业。主要产品包括运算放大器、比较器、功率管理及 LED 驱动等模拟产品	2021 年实现营业收入约 4.4 亿元	运算放大器、比较器、功率管理及 LED 驱动等模拟产品	全球范围内的半导体市场	持有超过 400 项专利和专利申请
苏州东方峻景集成电路有限公司	苏州东方峻景集成电路有限公司是一家从事模拟、数字和混合信号 IC 设计、开发和销售的高科技企业。主要产品包括音频编解码器、功率驱动器、显示器驱动器、传感器接口及其他应用领域的芯片	2021 年实现营业收入约 0.5 亿元	音频编解码器、功率驱动器、显示器驱动器、传感器接口及其他应用领域的芯片	全球范围内的半导体市场	持有多项授权专利
苏州赛意信息科技有限公司	苏州赛意信息科技有限公司是一家从事 EDA 软件和芯片设计的高科技企业。主要产品包括 IC 设计工具、设计服务以及 EDA 技术支持等	2022 年第一季度营收为 1.86 亿美元	IC 设计工具、设计服务以及 EDA 技术支持等	全球范围内的芯片设计市场	持有超过 100 项授权专利

续表

企业	简介	营收	产品	目标市场	知识产权情况
苏州威宝电子科技股份有限公司	苏州威宝电子科技股份有限公司是一家专注于研发、制造、销售各种电子组件的企业，主要产品包括二极管、稳压器、MOSFET、IGBT、集成电路等	2021 年实现营业收入约 3.1 亿元	二极管、稳压器、MOSFET、IG-BT、集成电路等	全球范围内的电子元器件市场	持有多项授权专利
苏州英伟达通信有限公司	苏州英伟达通信有限公司是一家从事芯片设计和系统集成的高科技企业。主要产品包括无线通信芯片、视频处理芯片、安防芯片等	2020 年实现营业收入约 2.5 亿元	无线通信芯片、视频处理芯片、安防芯片等	全球范围内的半导体市场	持有多项授权专利
苏州瑞可微电子股份有限公司	苏州瑞可微电子股份有限公司是一家以模拟和混合信号 IC 设计为主的高科技企业。主要产品包括运放、比较器、功率管理及 LED 驱动等模拟产品	2021 年实现营业收入约 1.7 亿元	运放、比较器、功率管理及 LED 驱动等模拟产品	全球范围内的半导体市场	持有超过 50 项专利和专利申请

当前，苏州高新区加速打造长三角集成电路产业新高地，多年来，随着国芯科技、长光华芯、固铸电子等集成电路行业龙头的深耕发展，苏州高新区集成电路产业聚势前行，在信息安全芯片、高功率激光芯片、接口显示芯片、车规芯片等多个细分领域形成区域比较优势。苏州高新区已集聚相关企业超 180 家，其中上市企业 7 家，"独角兽""瞪羚"企业 34 家，专精特新企业 15 家，高新技术企业 58 家。

在政策优势上，苏州高新区相继优化出台了 30 余项产业政策，包括《苏州高新区关于加快集成电路产业发展的若干意见》《苏州高新区推进集成电路产业创新集群发展工作方案（2022—2024 年）》等，内容涵盖项目落户、发展成长、研发创新等各个方面，全力支持集成电路产业高质量发展。

在资金支持上，高新区充分利用金融活水的支撑力量，设立了总规模 100 亿元的集成电路产业母基金和总规模 20 亿元的科创天使母基金，产业创新集群基金规模已达 377 亿元。结合高新贷、人才贷等金融产品，将基金投资与集成电路产业发展深度融合。在人才招引方面，对集成电路领域国内外顶尖人才（团队）给予"一事一议"、上不封顶的特殊支持，对入选的领军人才（团队）给予最高 5000 万元的项目经费和 200 万元的安家补贴。

在构建平台上，工信部华东五所、南京大学国家集成电路产教融合平台苏州中心等一批国家省、市平台相继落户，重点打造了苏州市集成电路创新中心、苏州创业园、和枫科创园、苏高新软件园等多家产业载体，苏州市集成电路展示中心、苏州市集成电路产业知识产权运营中心等一系列公共服务资源陆续"上新"，持续为企业发展的各环节提供有效支撑，助力企业轻装上阵。

2022 年，苏州市为集成电路产业强链、补链再添新动能，高新区成立了集成电路产业发展有限公司，负责统筹区内集成电路产业资源，依托"招商引资+产业投资+园区运营"三大核心能力，辅以"全生命周期的企业服务+全方位的公共服务平台建设"，聚焦、聚力集成电路产业创新集群融合发展。为产学研用深度融合不断注入活力，高新区拥有超百家院校地企合作平台，区内的南京大学苏州校区、浙江大学苏州工业技术研究院、华东理工大学苏州工业技术研究院、苏州半导体激光创新研究院、苏州光电技术研究院等一批优秀院所合作平台，为打造集成电路产业创新集群提供了良好的创新资源集聚基础。依托龙头企业的带动效应，开展关键技术攻关，在全区科技创新大会暨产业创新集群融合发展推进会上，包括集成电路在内的 4 家创新联合体集体揭牌，共同助力产业创新集群融合发展。

2023 年 2 月，苏州锐杰微科技集团总部项目奠基仪式在苏州高新区举行。作为市级重大项目，该项目总投资 8.63 亿元，力争用 3~5 年时间，建成国内规模最大的大颗高端倒装球栅格阵列芯片封测生产基地。

2023 年 3 月，国内首个 ReRAM 存算一体人工智能大算力芯片企业——苏州亿铸智能科技有限公司总部在苏州高新区正式开业。亿铸科技在全国多地设有子公司，而总部设在苏州高新区，将为苏州高新区打造一流产业创新集群注入新动力。

苏州高新区始终紧盯项目落地、开工、建设等关键环节，简化审批流程，强化要素保障，加强帮代办服务，目前全力以赴推动了通富超威、矽品等省级重大项目加速建设。

苏州通富超威半导体有限公司和苏州高新区有着近 20 年的深厚情缘，自 2004 年落户以来，通富超威持续深耕加码，目前已成为集团在全球最大的封测生产制造基地（如图 1-13 所示）。总投资 100 亿元的通富超威高性能集成电路项目于 2023 年上半年正式开工（如图 1-14 所示）。目前，该项目已完成桩基施工，主厂房基坑开挖完成 40%，竣工投产后将成为园区集成电路产业腾飞的重要"羽翼"。

图 1-13　苏州通富超威半导体有限公司园区效果图

图 1-14　苏州通富超威半导体有限公司园区施工图

同样专注于集成电路产业的矽品晶圆级芯片高阶测试项目投资 100 亿元，目标是建成国际领先的高端集成电路测试基地（如图 1-15 所示）。项目分两期实施，目前一期正在进行厂房内部改造工程及配套变电站建设，二期规划设计同步进行（如图 1-16 所示）。公司相关负责人表示，矽品科技深耕园区

20 年，与园区的发展同频共振，新项目专攻测试领域，将与老厂区的封装业务形成合力，向着产业更高价值链攀升。

图 1-15　矽品晶圆级芯片高阶测试项目

图 1-16　矽品晶圆级芯片高阶测试项目效果图

第 2 章
集成电路产业专利分析

本章基于权威性的全球专利数据库的大数据应用分析研究，以产业专利大数据分析为手段，分析了产业链与专利布局的关联度、专利控制力与产业竞争格局的关系，研判产业发展方向；同时，以专利信息对比分析为基础，绘制专利分布图谱，厘清苏州市产业涉及的技术、人才、企业等要素资源在全球和我国产业链中的定位，横向对标先进城市和标杆性企业存在的差距和不足。

2.1　专利检索说明

2.1.1　技术分解与产业分类体系

在专利分析中，技术分解是指将一个专利文件或专利组合的技术内容进行细分、拆解和分类的过程。技术分解可以深入了解专利中涉及的具体技术细节，找出专利的关键技术特点，同时也有助于对整个技术领域的发展趋势和技术创新进行更深入的研究。

技术分解通常包括以下几方面内容。

（1）了解专利内容：仔细阅读和理解专利文件，了解专利所涉及的技术内容和技术要点。这包括专利的摘要、说明书、权利要求等部分。

（2）抽取关键技术词汇：根据专利文件中的术语和关键词汇，抽取出与技术相关的关键词汇。这些关键词汇将用于后续的技术分类。

（3）技术分类：根据专利内容中的技术特点和关键词汇，将专利进行分类。可以使用国际专利分类（IPC）、联合专利分类（CPC）等专利分类系统，也可以根据具体情况自定义分类。

（4）技术细节拆解：在每个技术分类下，进一步拆解专利的技术细节。这涉及将专利的技术要点、实施方法、创新点等进行拆解和分析。

根据对相关文献以及产业分析报告的归纳与总结，在中国科学院微电子研究所、中国半导体协会等机构的专家指导下，绘制本项目分析的产业分类体系见表2-1。

表2-1　产业分类体系

产业位置	产业一级分类	产业二级分类
上游	IC设计	EDA软件
		芯片设计
	材料/化学品	硅晶圆
		靶材
		抛光材料
		光刻胶
		湿电子化学品
		电子特种气体
		掩模版
		封装材料
	制造设备	氧化炉
		CVD/PVD
		光刻机
		涂胶/显影设备
		刻蚀机
		离子注入机
		抛光设备
		清洗设备
		研磨机
		切割机
		封装设备
		测试设备

续表

产业位置	产业一级分类	产业二级分类
中游	晶圆制造	制造工艺
	封装测试	封装工艺
		测试工艺
下游	笔记本电脑	—
	智能电视	—
	平板电脑	—
	手机终端	—
	车载系统	—
	可穿戴设备	—
	其他	—

2.1.2　专利分析的检索与表达

1. 专利分析的检索要素

专利分析的检索要素是在进行专利检索和分析时所使用的一种工具。它列有相关术语、关键词、分类号等检索要素，用于指导研究人员在专利数据库中进行有效的检索和筛选。

检索要素包含以下几点内容。

（1）技术领域和主题：列出所要研究的专利技术领域和主题，这有助于缩小检索范围和确保检索结果的准确性。

（2）关键词和术语：列出与研究主题相关的关键词、术语和专业词汇。这些关键词将作为检索的基础，帮助找到与研究主题相关的专利文献。

（3）IPC 或 CPC 分类号：根据研究主题，列出相关的 IPC 或 CPC 分类号。这些分类号是专利文献的标准分类，可用于更精确地定位和检索相关专利。

2. 构建检索式

围绕不同技术主题构建检索式是进行专利检索的重要步骤，它可以帮助研究人员找到与特定技术主题相关的专利文献。如图 2-1 所示是构建检索式的一般步骤。

（1）确定技术主题：构建检索式的第一步是明确要研究的技术主题。技术主题可以是特定的技术领域、领域中的某个具体问题、产品或系统的特定功能等。可以将其加入检索式，以更精准地定位特定技术领域的专利，以及项目相关的 IPC 或 CPC 分类号。

（2）列出关键词和同义词：针对所确定的技术主题，列出与之相关的关键词和同义词。这些关键词应该涵盖技术的不同方面，包括技术名称、术语、产品名称、技术特点等。可以将项目相关的 IPC 或 CPC 分类号加入检索式，以更精准地定位特定技术领域的专利。

（3）构建检索式：根据关键词，使用布尔逻辑（AND、OR、NOT）来构建检索式。AND 用于连接必须同时出现的关键词，OR 用于连接具有其中一个或多个关键词的文献，NOT 用于排除某些关键词。

（4）调整检索式：与项目相关的国际专利分类（IPC）或联合专利分类（CPC）号，可以将其加入检索式，以更精准地定位特定技术领域的专利。

（5）验证检索式：在进行检索之前，务必对检索式进行验证。可以使用专利数据库的测试功能来检查检索式的有效性和相关性，确保所得到的检索结果符合预期。

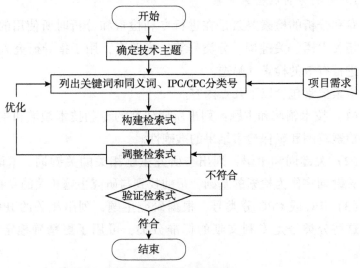

图 2-1　构建检索式的一般步骤

围绕相关检索要素以及中英文表达方式的扩展，结合 IPC 分类号的相关梳理与汇总，按照专利分析检索查全查准率的整体要求，制定各个技术分支的专利检索式。

2.1.3　检索范围与分析工具

1. 检索范围

（1）地域范围：全球专利数据。

（2）时间范围：各专利局全量数据。

（3）产业范围：本章分析内容，除特定提出检索下游数据之外，都针对集成电路产业上、中游进行分析。

2. 分析工具

分析工具有 incoPat、HimmPat、智慧芽。

2.2　全球专利宏观布局分析

本节将从全球、中国和苏州市三个维度，对集成电路产业专利技术发展趋势、专利区域分布、专利主要申请人、主要发明人和专利技术主题进行全面研究。

2.2.1　集成电路产业专利技术发展趋势

图 2-2 反映了集成电路产业在全球及中国范围内的专利申请量随年份变化的分布趋势，从中可以看出，2004—2007 年全球发明专利申请量趋于稳定；由于受到全球经济危机的影响，全球发明专利申请量在 2008—2009 年有所下降；之后全球发明专利申请量基本保持稳定增长趋势。中国发明专利申请量一直处于增长态势，在 2008—2009 年申请量也未出现下滑趋势，2021 年中国专利申请量达到 14814 件。全球 2011—2021 年发明专利申请量年平均增长率为 2.3%，中国 2011—2021 年发明专利申请量年平均增长率为 10.3%[①]。

① WIPO 发布《世界知识产权指标 2023》[EB/OL].（2023-11-24）[2024-04-28]. https://www.cifnews.com/article/151623.

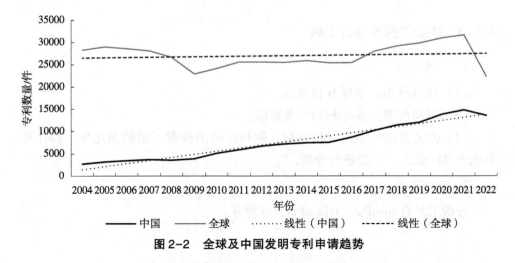

图 2-2　全球及中国发明专利申请趋势

对比全球与中国，苏州市集成电路产业专利申请呈现波动式增长，如图 2-3 所示。2011—2016 年是专利申请量累计的黄金时期，在此之前苏州市年专利申请量基本不超过 100 件；2016 年及以后，专利申请量波动增长，每年申请集成电路产业相关专利 300 余件。苏州市 2011—2021 年的申请量年平均增长率为 17.3%。

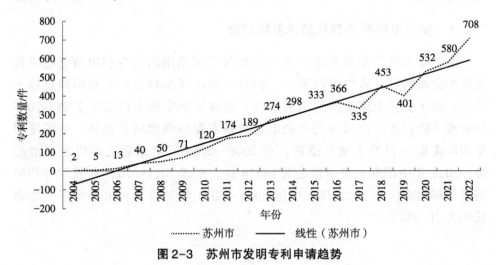

图 2-3　苏州市发明专利申请趋势

2.2.2　集成电路产业专利技术生命周期分析

图 2-4 反映了全球范围内集成电路产业专利技术生命周期情况。2013—2015 年，集成电路产业专利申请量上升，但是专利申请人数量有所减少；

2015 年之后，专利申请数量与专利申请人数量同步增长。

　　图 2-5 反映了中国范围内集成电路产业专利技术生命周期情况。自 2013 年开始，专利申请量与申请人数量同步上升，对比全球技术生命周期，中国集成电路产业专利仍处于快速发展阶段。

　　图 2-6 反映了苏州市范围内集成电路产业专利技术生命周期情况。与中国整体专利技术生命周期走势类似，自 2013 年开始，专利申请量与申请人数量同步上升，仅个别年份存在申请人数量减少的情况。

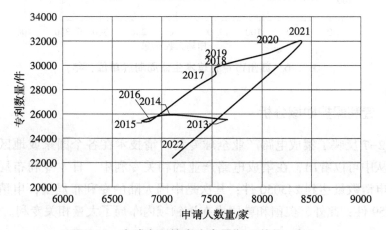

图 2-4　全球专利技术生命周期（单位：年）

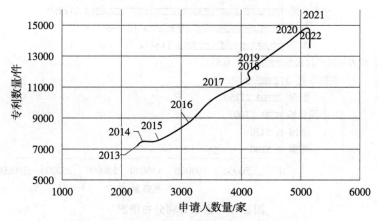

图 2-5　中国专利技术生命周期（单位：年）

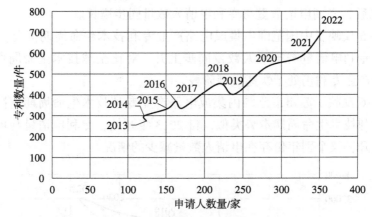

图 2-6　苏州市专利技术生命周期（单位：年）

2.2.3　专利保护地域分析

图 2-7 反映了集成电路产业全球专利申请技术在各个国家或地区的分布情况。从中可以看出，在集成电路产业的相关专利中，日本专利布局量占比最多，申请数量达到 243050 件；其次是中国大陆的专利布局量，申请相关专利 218859 件；此外，美国和韩国也在该领域内布局了大量相关专利。

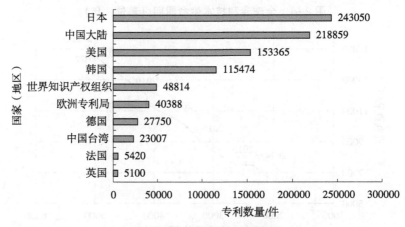

图 2-7　全球专利分布情况

图 2-8 反映了集成电路产业国内专利申请技术来源地区分布情况。从中可以看出，集成电路产业专利申请在国内分布比较集中，各地区之间申请量差距悬殊，专利申请主要集中在广东（31251 件）、江苏（29269 件）、上海（20252 件）、台湾（14552 件）等省市。

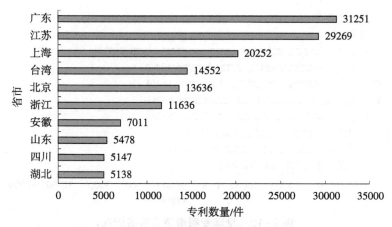

图 2-8　中国专利分布情况

图 2-9 反映了集成电路产业苏州市区域内专利申请技术来源地区分布情况。从中可以看出，集成电路产业专利申请主要集中在吴中区、昆山市及虎丘区，专利申请量分别为 2567 件、1855 件及 1723 件。

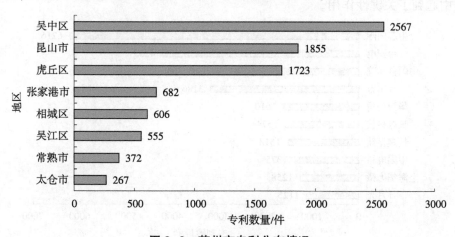

图 2-9　苏州市专利分布情况

2.2.4　专利主要申请人分析

一般来说，专利申请量可以反映某申请人的研发投入情况、专利申请积极性和对市场的重视程度。从图 2-10 可以看出，集成电路产业排名前十位的申请人都是企业，主要分布在日本，来自中国台湾的台积电在所有专利申请人中排名第八。

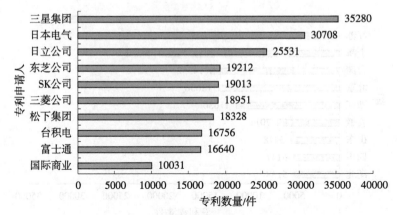

图 2-10　全球专利申请人排名情况

如图 2-11 所示中国专利申请人排名中，绝大多数专利来自企业申请人，如中芯国际（6216 件）、台积电（4233 件）、京东方（3186 件）等，中国科学院以 3640 件专利排名第三，一定程度上反映出中国科研院所在技术发展过程中起到了关键性作用。

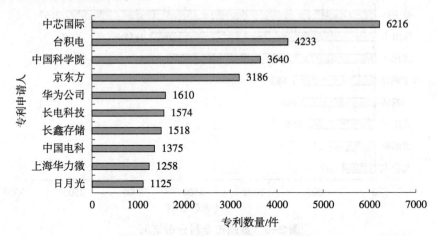

图 2-11　中国专利申请人排名情况

苏州市专利申请人排名情况如图 2-12 所示，苏州晶方半导体科技股份有限公司以 297 件专利排名第一，其次是苏州固锝电子股份有限公司（181件）、中国科学院苏州纳米技术与纳米仿生研究所（169 件）。

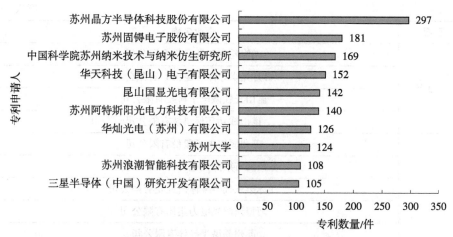

图 2-12 苏州市专利申请人排名情况

苏州市各区县的专利申请人申请量排名前十的企业数据如表 2-2 所示。

表 2-2 苏州市各区县的专利申请人申请量排名前十的企业

区县	企业名称
吴中区	苏州晶方半导体科技股份有限公司
	苏州浪潮智能科技有限公司
	苏州通富超威半导体有限公司
	颀中科技（苏州）有限公司
	和舰科技（苏州）有限公司
	太极半导体（苏州）有限公司
	苏州源卓光电科技有限公司
	苏州苏宝新能源科技有限公司
	嘉盛半导体（苏州）有限公司
	合肥颀中科技股份有限公司
昆山市	华天科技（昆山）电子有限公司
	昆山国显光电有限公司
	昆山工研院新型平板显示技术中心有限公司
	富士康（昆山）电脑接插件有限公司
	昆山龙腾光电股份有限公司
	苏州能讯高能半导体有限公司

续表

区县	企业名称
昆山市	鸿海精密工业股份有限公司
	日月光半导体（昆山）有限公司
	昆山丘钛微电子科技有限公司
	昆山成功环保科技有限公司
虎丘区	苏州固锝电子股份有限公司
	苏州阿特斯阳光电力科技有限公司
	江苏第三代半导体研究院有限公司
	阿特斯阳光电力集团有限公司
	苏州晶湛半导体有限公司
	苏州达晶微电子有限公司
	致茂电子（苏州）有限公司
	苏州迈力电器有限公司
	苏州斯尔特微电子有限公司
	苏州兴锝电子有限公司
张家港市	华灿光电（苏州）有限公司
	苏州矩阵光电有限公司
	张家港凯思半导体有限公司
	张家港意发功率半导体有限公司
	张家港奇点光电科技有限公司
	苏州赛森电子科技有限公司
	苏州同冠微电子有限公司
	苏州晶台光电有限公司
	苏州凤凰芯电子科技有限公司
	苏州锴威特半导体股份有限公司
相城区	苏州科阳光电科技有限公司
	江苏凯尔生物识别科技有限公司
	苏州锝耀电子有限公司
	苏州科阳半导体有限公司
	苏州译品芯半导体有限公司

续表

区县	企业名称
相城区	苏州施密科微电子设备有限公司
	苏州昊建自动化系统有限公司
	苏州金宏气体股份有限公司
	苏州杰跃飞电子科技有限公司
	泓浒（苏州）半导体科技有限公司
吴江区	英诺赛科（苏州）科技有限公司
	苏州迈为科技股份有限公司
	亿光电子（中国）有限公司
	江苏集萃有机光电技术研究所有限公司
	英诺赛科（苏州）半导体有限公司
	苏州迈正科技有限公司
	吴江恒源金属制品有限公司
	苏州天目光学科技有限公司
	苏州晶品光电科技有限公司
	苏州焜原光电有限公司
常熟市	常熟市广大电器有限公司
	苏州腾晖光伏技术有限公司
	苏州艾科瑞思智能装备股份有限公司
	江苏京创先进电子科技有限公司
	苏州晶洲装备科技有限公司
	江苏艾科瑞思封装自动化设备有限公司
	苏州益顺华智能装备有限公司
	中利腾晖光伏科技有限公司
	常熟市华海电子有限公司
	永新电子常熟有限公司
太仓市	奥特斯维能源（太仓）有限公司
	苏州多感科技有限公司
	太仓天宇电子有限公司
	陛通半导体设备（苏州）有限公司

区县	企业名称
太仓市	太仓市同维电子有限公司
	江苏通领科技有限公司
	苏州宏久航空防热材料科技有限公司
	中建材光电装备（太仓）有限公司
	太仓协鑫光伏科技有限公司
	苏州利普斯电子科技有限公司

1. 中国集成电路产业专利申请人类型分析

由图 2-13 可知，中国集成电路产业专利申请人中，企业占比 83.17%；其次是大专院校，占比 8.74%；科研单位、个人以及机关团体分别占比 3.44%、4.41%、0.24%。

由图 2-14 可知，苏州市集成电路产业专利申请人中，企业占比 91.80%，高于全国整体比重；大专院校占比 2.82%；科研单位和个人均占比 2.67%。整体来看，苏州市科研单位和高校专利申请数量比重低于全国整体水平。

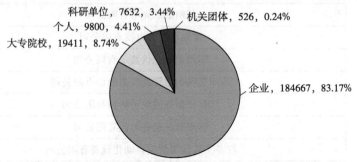

图 2-13 中国专利申请人类型分布情况（单位：件）

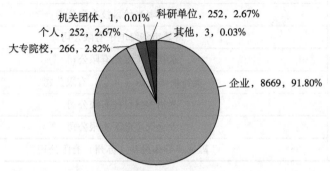

图 2-14 苏州市专利申请人类型分布情况（单位：件）

2. 中国集成电路产业专利类型分析

由图 2-15 可知，中国集成电路产业专利中，发明专利占比 71.39%，实用新型专利占比 28.58%，外观设计专利占比 0.03%。

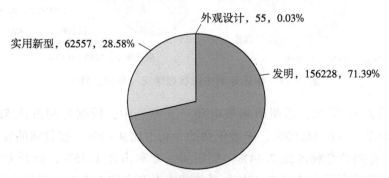

图 2-15　中国专利类型分布情况（单位：件）

由图 2-16 可知，苏州市集成电路产业专利中，发明专利占比 56.62%，实用新型专利占比 43.22%，外观设计专利占比 0.16%。相比全国数据，苏州市实用新型专利占比相对较高，发明专利占比相对较低，后续需要加强更具价值的发明专利布局。

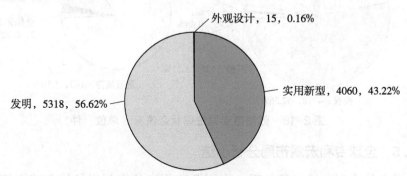

图 2-16　苏州市专利类型分布情况（单位：件）

3. 中国集成电路产业专利法律状态分析

由图 2-17 可知，中国集成电路产业专利中，授权专利占比 43.84%，实质审查专利占比 19.01%，未缴年费的专利占比 15.54%，撤回的专利占比 9.83%，被驳回的专利占比 7.49%，期限届满专利、公开专利分别占比 2.05%、1.33%，其他状态（如放弃、避重放弃等）专利占比 0.91%。

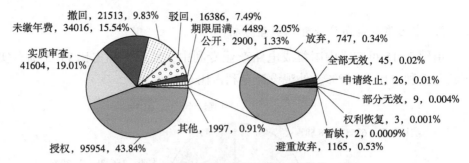

图 2-17　中国专利法律状态情况（单位：件）

由图 2-18 可知，苏州市集成电路产业专利中，授权专利占比 52.36%，实质审查专利占比 18.98%，未缴年费的专利占比 9.42%，被驳回的专利占比 8.66%，撤回的专利占比 7.44%，期限届满专利占比 1.35%，公开专利（如放弃、避重放弃等）占比 0.48%，其他状态专利占比 1.31%。对比全国数据，专利时效性分布情况大体一致。

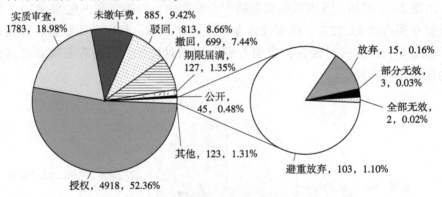

图 2-18　苏州市专利法律状态情况（单位：件）

2.2.5　全球专利宏观布局分析小结

从总体专利布局趋势上看，中国及苏州市的专利增长较全球更快。全球申请量在 2008—2009 年有所下降，之后全球申请量基本保持稳定增长趋势，而中国及苏州市一直处于增长态势。

从技术生命周期上看，中国集成电路产业技术处于发展期。全球在 2014 年左右出现拐点，调整后继续进入发展期。但中国及苏州市一直处于发展期。

从地域上看，日本在集成电路领域专利布局最多，中国排名第二；中国境内专利布局以广东省最多，江苏省排名第二；苏州市专利布局以吴中区最多，昆山市排名第二。

从申请人类型上看，企业申请人在苏州市占比 91.80%，高出在全国占比 83.17% 近 10 个百分点，一方面说明企业的创新潜力强，另一方面说明产业专利需要引进优质的科研团队。

从专利申请类型上看，苏州市集成电路产业专利中实用新型专利占比偏多，为 43.22%，比全国数据 28.58% 高出 14 个百分点，说明产业技术创新质量需要进行调整。

从法律状态层面分析，苏州市驳回、撤回专利占比 16.10%，相较于全国数据持平，但作为全国集成电路的核心产业区，苏州市仍需要提升专利质量，保障创新高度。

2.3　全球专利运营情况分析

产业专利运营分析是针对特定产业领域的专利资产和专利运营活动进行评估和分析的过程。这种分析对于企业、研究机构和政府部门来说都具有重要的意义。

（1）洞察技术趋势和创新方向：通过对产业内专利的分析，可以洞察技术发展趋势和创新方向。这有助于企业预测未来的技术发展，并相应地调整研发和创新战略。

（2）优化研发投入：产业专利运营分析可以帮助企业确定哪些技术领域有较高的专利密度和创新活动，从而指导企业在研发投入方面的决策，确保资源投入到有潜力的领域。

（3）竞争态势分析：通过分析产业内各大企业的专利情况，可以了解竞争对手的技术优势、创新方向和专利战略。这有助于企业调整自身的技术和竞争战略，寻找差异化竞争优势。

（4）发现合作伙伴：产业专利运营分析可以帮助企业发现与自身技术方向相符的潜在合作伙伴。通过技术许可、合作研发等方式，可以实现共赢合作，加速创新和技术推广。

（5）支持政策制定：政府部门可以通过产业专利运营分析来了解某个产业的技术状况、创新活动和竞争情况。这有助于制定相关政策，促进产业的可持续发展和创新升级。

（6）专利资产管理：企业可以通过产业专利运营分析来管理自身的专利资产组合，包括确定哪些专利需要保护、哪些可以转让或许可、哪些可能存在风险等。

（7）市场营销和商业拓展：产业专利运营分析可以帮助企业将专利资产转化为市场竞争优势，支持市场营销和商业拓展活动。有时候，企业的专利技术还可以成为其产品和服务的独特卖点。

（8）风险管理：产业专利运营分析可以识别专利侵权风险和诉讼风险，从而帮助企业规避法律纠纷。

基于专利态势分析的成果，采取定量分析的手段，对集成电路产业相关的高价值专利、专利转让、许可、诉讼等运营状况开展分析，为苏州市后续的专利运营及专利池构建提供支撑。针对集成电路产业发生转让、许可、质押、诉讼的专利进行趋势、专利权人分析，梳理出整个产业及重点关注领域的主要专利运营的参与者，为苏州市企业专利运营提供参考。

2.3.1 专利转让分析

专利转让是指专利权人或其合法授权人将其在一项或多项专利上的权益、所有权或利益转移给另一方的过程。在专利转让中，转让人（现有的专利权人或其授权人）通过签署书面合同，将专利的某些或全部权利转移给另一方，即受让人。

1. 转让趋势分析

对全球专利转让情况进行检索分析，分别对2004—2023年全球及中国专利转让数据进行统计，得到结果如图2-19所示。

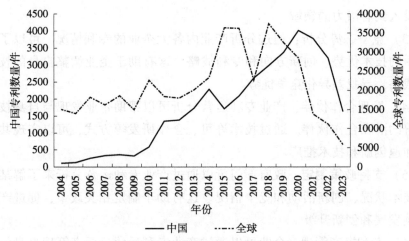

图2-19　2004—2023年全球及中国专利转让趋势对比

　　从全球与中国的数据可以看出，单从数据趋势上看，集成电路领域中国在专利转让数据增速上较全球更快；但总体数量上，中国专利转让与全球总量相比仍然存在较大差距。当然，这与每个国家的专利制度也有一定关系，例如，美国之前的专利申请多为自然人转让给公司，会导致一定的数据失真。

　　图 2-20 反映了苏州市与全国的专利转让数据。从中可以看出，专利转让趋势上，苏州市与全国的专利转让较为一致，2018 年之后苏州市的专利转让增速甚至超过了全国的增长速度。近年来，由于数据公开的滞后性等原因，专利转让呈下滑趋势，真实情况有待后续数据补充之后再进行分析。

图 2-20　苏州市与中国的专利转让趋势对比

2. 全球转让人、受让人排名

　　对全球专利转让情况进行检索分析，集成电路领域，全球授权专利总量为 523377 件，其中具有专利转让记录的为 167870 件，专利转让率为 32%。统计全球转让人在专利转让数量上的排名情况，排名前九的转让人具体信息见表 2-3。

表 2-3　集成电路领域全球转让人专利转让数量排名前九的转让人

序号	转让人	专利数量/件
1	Wilmington Trust, National Association	9149
2	美光科技（Micron Technology, Inc.）	8226
3	IBM	7821
4	格芯公司（Global Foundries, Inc.）	7669

序号	转让人	专利数量/件
5	摩根士丹利高级基金公司（Morgan Stanley Senior Funding, Inc.），作为担保代理	7206
6	U. S. Bank National Association，作为担保代理	6303
7	摩根大通（JPMorgan Chase Bank, N. A.），作为担保代理	5554
8	Micron Semiconductor Products, Inc.	5378
9	瑞萨电子（Renesas Electronics Corporation）	4511

全球排名前十的受让人具体信息见表2-4。

表2-4　集成电路领域全球转让人专利转让数量排名前十的受让人

序号	受让人	专利数量/件
1	三星电子	12769
2	IBM	12542
3	格芯公司（Global Foundries, Inc.）	10059
4	美光科技（Micron Technology, Inc.）	8443
5	瑞萨电子（Renesas Electronics Corporation）	7896
6	英飞凌（Infineon Technologies ag）	7467
7	摩根士丹利高级基金公司（Morgan Stanley Senior Funding, Inc.），作为担保代理	6751
8	Wilmington Trust, National Association	6680
9	Taiwan Semiconductor Manufacturing Co., Ltd.	6391
10	U. S. Bank National Association，作为担保代理	6362

从全球集成电路领域专利转让数据可以看出，排名前十的权利人中没有中国企业，中国在集成电路领域的专利以及技术积累仍处于比较明显的弱势。国外企业经过几十年的发展，已经形成了非常完善的技术转让体系，因此重要的科研机构、企业，专利转让数量都非常大。

3. 中国转让人、受让人排名

对中国申请人的专利转让情况进行检索分析，中国集成电路领域授权专利总量为136395件，其中具有专利转让记录的为16457件，专利转让率为12.1%。

统计中国转让人在专利转让数量上的排名情况，排名前十的转让人具体信息见表2-5。

表2-5　集成电路领域中国专利转让数量排名前十的转让人

序号	转让人	专利数量/件
1	中芯国际集成电路制造（上海）有限公司	1372
2	上海宏力半导体制造有限公司	621
3	上海华虹 NEC 电子有限公司	536
4	中国科学院微电子研究所	341
5	北大方正集团有限公司	296
6	深圳方正微电子有限公司	289
7	株洲中车时代电气股份有限公司	287
8	无锡华润上华半导体有限公司	185
9	江苏长电科技股份有限公司	182
10	北京大学	174

排名前十的受让人具体信息见表2-6。

表2-6　集成电路领域中国专利转让数量排名前十的受让人

序号	受让人	专利数量/件
1	中芯国际集成电路制造（上海）有限公司	1385
2	上海华虹宏力半导体制造有限公司	1157
3	京东方科技集团股份有限公司	1067
4	鸿海精密集团	344
5	中国科学院微电子研究所	298
6	深圳方正微电子有限公司	289
7	株洲中车时代半导体有限公司	276
8	深圳华芯星半导体有限公司	240
9	长鑫存储技术有限公司	207
10	无锡华润上华科技有限公司	179

从中国转让、受让数据可以看出，在转让、受让过程中，中国集成电路领域企业的数据可能有较大部分来源于公司内部之间的转让，例如，公司更名、

母公司转向子公司，等等。而真正基于技术合作的转移转让，数量可能会更少。

4. 苏州市转让人、受让人排名

对苏州市申请人的专利转让情况进行检索分析，苏州市集成电路领域授权专利总量为5881件，其中具有专利转让记录的为510件，专利转让率为8.7%。统计苏州转让人在专利转让数量上的排名情况，排名前十的转让人具体信息见表2-7。

表2-7　集成电路领域苏州市专利转让数量排名前十的转让人

序号	转让人	专利数量/件
1	付伟	52
2	昆山国显光电有限公司	46
3	昆山工研院新型平板显示技术中心有限公司	33
4	苏州大学	24
5	西安奕斯伟材料科技有限公司	24
6	顾中科技（苏州）有限公司	24
7	成功环保科技（南通）有限公司	19
8	苏州阿特斯阳光电力科技有限公司	18
9	华天科技（昆山）电子有限公司	15
10	苏州纳米技术与纳米仿生研究所	15

排名前十的受让人具体信息见表2-8。

表2-8　集成电路领域苏州市专利转让数量排名前十的受让人

序号	受让人	专利数量/件
1	苏州立琻半导体有限公司	180
2	顾中科技（苏州）有限公司	29
3	高创（苏州）电子有限公司	23
4	中国科学院苏州纳米技术与纳米仿生研究所	15
5	常熟市知识产权运营中心有限公司	12
6	江苏旭远新材料有限公司	12
7	江阴德力激光设备有限公司	11
8	苏州德龙激光有限公司	11

续表

序号	受让人	专利数量/件
9	苏州浪潮智能科技有限公司	11
10	苏州矩阵光电有限公司	11

从排名前十的受让人数据可以推测出，苏州市同样存在在转让、受让过程中数据可能有较大部分来源于公司内部之间转让的情况，例如，公司更名、母公司转向子公司，等等。因此，通过校企合作等方式，加强实际技术转化，对于苏州市的科创属性将更有加持作用。同时可以发现，对于国内转让数据的分析与利用，要结合真实的技术转化情况进行分析，单从数据角度分析可能会导致部分结论失真。

2.3.2　专利许可分析

集成电路领域的专利许可数据目前仅从商业数据库中对中国专利进行了加工与处理，因此，这里仅对中国及苏州市的专利许可数据进行统计与分析。

1. 专利许可趋势分析

统计中国及苏州市的专利许可年度数据，可得到如图 2-21 所示的趋势图。

从图 2-21 可以看出，中国在集成电路领域的许可量普遍偏少，苏州市专利许可量最多的 2019 年也仅有 15 件。这从客观上反映出全国及苏州市在技术合作、技术转化方面还存在较大的提升空间。

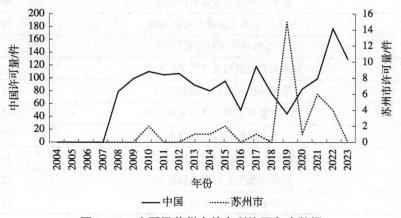

图 2-21　中国及苏州市的专利许可年度数据

2. 中国许可人、被许可人排名

对中国申请人的专利许可情况进行检索分析，统计中国申请人在专利许可数量上的排名情况，排名前十的许可人具体信息见表2-9。

表2-9　中国集成电路领域专利许可数量排名前十的许可人

序号	许可人	专利数量/件
1	芯鑫融资租赁（天津）有限责任公司	96
2	华进半导体封装先导技术研发中心有限公司	75
3	合肥矽迈微电子科技有限公司	22
4	浙江大学	22
5	杭州电子科技大学	21
6	华天科技（西安）有限公司	19
7	中微半导体设备（上海）有限公司	15
8	昆山国显光电有限公司	14
9	吴华	13
10	沈富德	13

排名前十的被许可人具体信息见表2-10。

表2-10　中国集成电路领域专利许可数量排名前十的被许可人

序号	被许可人	专利数量/件
1	江苏长电科技股份有限公司	96
2	华进半导体（嘉善）有限公司	36
3	江苏芯德半导体科技有限公司	24
4	安徽兴泰融资租赁有限责任公司	22
5	华天科技（南京）有限公司	21
6	深圳市重投天科半导体有限公司	18
7	上海美维科技有限公司	17
8	南昌中微半导体设备有限公司	15
9	云谷（固安）科技有限公司	13
10	南通金泰科技有限公司	13

从许可、被许可专利数据可以看出，被许可人前十名基本为企业，许可

人前十名中有两所高校，同时还有两位个人权利人。但是普遍的许可与被许可数量相对偏少。

3. 苏州市许可人、被许可人排名

对苏州市申请人的专利许可情况进行检索分析，统计苏州市许可人在专利许可数量上的排名情况，排名前十的许可人具体信息见表 2-11。

表 2-11　苏州市集成电路领域专利许可数量排名前十的许可人

序号	许可人	专利数量/件
1	昆山国显光电有限公司	12
2	昆山工研院新型平板显示技术中心有限公司	3
3	高视科技（苏州）有限公司	3
4	中国科学院苏州纳米技术与纳米仿生研究所	2
5	华天科技（昆山）电子有限公司	2
6	林海湖	2
7	张家港华捷电子有限公司	1
8	昆山维信诺显示技术有限公司	1
9	苏州全磊光电有限公司	1
10	苏州协鑫光伏科技有限公司	1

排名前十的被许可人具体信息见表 2-12。

表 2-12　苏州市集成电路领域专利许可数量排名前十的被许可人

序号	被许可人	专利数量/件
1	云谷（固安）科技有限公司	11
2	苏州高视半导体技术有限公司	3
3	华天科技（南京）有限公司	2
4	江苏宝涵租赁有限公司	2
5	海迪科（南通）光电科技有限公司	2
6	苏州禾裕融资租赁有限公司	2
7	苏州群鑫电子有限公司	2
8	霸州市云谷电子科技有限公司	2
9	昆山工研院新型平板显示技术中心有限公司	1

续表

序号	被许可人	专利数量/件
10	全磊光电股份有限公司	1

从许可、被许可专利数据可以看出，被许可人基本为公司，且许可与被许可专利数量相对偏少。

2.3.3 专利质押分析

集成电路领域的专利质押数据目前仅从商业数据库中对中国专利进行了加工与处理，因此，这里仅对中国及苏州市的专利质押数据进行统计与分析。

1. 专利质押趋势分析

统计中国及苏州市的专利质押年度数据，可得到如图 2-22 所示的趋势图。从图 2-22 可以看出，在质押趋势上，苏州市数据趋势与全国整体的质押趋势比较一致，均是从 2018 年以后进入快速增长期。

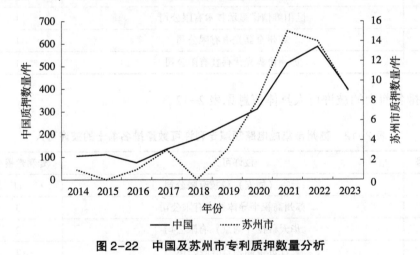

图 2-22　中国及苏州市专利质押数量分析

2. 中国出质人、质权人排名

对中国申请人的专利质押情况进行检索分析，统计中国质权人在专利质押数量上的排名情况，排名前十的出质人具体信息见表 2-13。

表 2-13　中国集成电路领域专利质押数量排名前十的出质人

序号	出质人	专利数量/件
1	广东佛智芯微电子技术研究有限公司	23
2	合肥矽迈微电子科技有限公司	22
3	理想晶延半导体设备（上海）股份有限公司	22
4	厦门多彩光电子科技有限公司	19
5	广东佛智芯微电子技术研究有限公司	19
6	亚威朗光电（中国）有限公司	18
7	湖州见闻录科技有限公司	12
8	贵州雅光电子科技股份有限公司	12
9	嘉兴斯达半导体股份有限公司	11
10	天津华海清科机电科技有限公司	11

排名前十的质权人具体信息见表 2-14。

表 2-14　中国集成电路领域专利质押数量排名前十的质权人

序号	质权人	专利数量/件
1	广东南海农村商业银行股份有限公司科创支行	46
2	深圳市中小担小额贷款有限公司	30
3	深圳市高新投小额贷款有限公司	30
4	中国农业银行股份有限公司无锡科技支行	27
5	中国建设银行股份有限公司东莞市分行	25
6	中国农业银行股份有限公司上海松江支行	22
7	中国银行股份有限公司湖北自贸试验区武汉片区分行	22
8	安徽兴泰融资租赁有限责任公司	22
9	青岛高创科技融资担保有限公司	22
10	厦门市融资担保有限公司	20

从出质人和质权人情况分析可以看出，企业与金融机构有一定的参与度，一方面是因为有政策引导与支持，另一方面是因为企业也愿意在科技创新投入与转化方面进行一定的尝试。

3. 苏州市出质人、质权人排名

对苏州市申请人的专利质押情况进行检索分析，统计苏州市质权人在专利质押数量上的排名情况，排名前十的出质人具体信息见表2-15。

表2-15　苏州市集成电路领域专利质押数量排名前十的出质人

序号	出质人	专利数量/件
1	基迈克材料科技（苏州）有限公司	5
2	苏州矩阵光电有限公司	4
3	苏州启微芯电子科技有限公司	3
4	苏州微影激光技术有限公司	3
5	苏州艾科瑞思智能装备股份有限公司	3
6	苏州苏纳光电有限公司	3
7	吴江市曙光化工有限公司	2
8	昆山工研院新型平板显示技术中心有限公司	2
9	江苏思尔德科技有限公司	2
10	江苏矽研半导体科技有限公司	2

排名前十的质权人具体信息见表2-16。

表2-16　苏州市集成电路领域专利质押数量排名前十的质权人

序号	质权人	专利数量/件
1	中国银行股份有限公司张家港分行	4
2	上海浦东发展银行股份有限公司常熟支行	3
3	中国建设银行股份有限公司苏州长三角一体化示范区分行	3
4	中国建设银行股份有限公司苏州高新技术产业开发区支行	3
5	九江鄱湖新城投资建设有限公司	3
6	上海银行股份有限公司苏州分行	2
7	中国农业银行股份有限公司苏州相城支行	2
8	江苏宝涵租赁有限公司	2
9	江苏江阴农村商业银行股份有限公司苏州分行	2
10	江苏苏州农村商业银行股份有限公司黎里支行	2

苏州市目前参与质押融资的银行较多；企业虽然有一定的参与度，但是

数量相对较少。

2.3.4　专利诉讼分析

　　集成电路领域的专利诉讼数据目前仅从商业数据库中对中国专利进行了加工与处理，因此，这里仅对中国与苏州市的专利诉讼数据进行统计与分析。

　　1. 中国诉讼当事人

　　对中国申请人的专利诉讼情况进行检索分析，统计中国诉讼当事人在专利诉讼数量上的排名情况，排名前十的诉讼当事人具体信息见表 2-17。

表 2-17　中国集成电路领域专利诉讼数量排名前十的诉讼当事人

序号	诉讼当事人	专利数量/件
1	深圳市海洋王照明工程有限公司	15
2	彭晖	12
3	深圳市汇顶科技股份有限公司	9
4	苏州微影激光技术有限公司	7
5	苏州源卓光电科技有限公司	7
6	厦门安泰盛电子科技有限公司	6
7	联发科技股份有限公司	5
8	江苏中鹏新材料股份有限公司	4
9	山东天岳先进科技股份有限公司	4
10	苏州微烁光学科技有限公司	4

　　2. 苏州市诉讼当事人

　　对苏州市申请人的专利诉讼情况进行检索分析，统计苏州市诉讼当事人在专利诉讼数量上的排名情况，排名前八的诉讼当事人具体信息见表 2-18。

表 2-18　苏州市集成电路领域专利诉讼数量排名前八的诉讼当事人

序号	诉讼当事人	专利数量/件
1	苏州微影激光技术有限公司	7
2	苏州源卓光电科技有限公司	7
3	苏州微烁光学科技有限公司	4
4	朱亮	3

序号	诉讼当事人	专利数量/件
5	胡传武	3
6	微智精密光电无锡有限公司	1
7	江苏贺鸿电子有限公司	1
8	苏州晶方半导体科技	1

从苏州市诉讼数据来看，苏州市企业在集成电路诉讼领域的专利诉讼数量以及占比还是较大的，因此，苏州市集成电路产业在专利运营情况以及未来政策倾斜方面可以重点关注专利诉讼相关情况。

2.3.5 全球专利运营情况小结

1. 转让情况中国与全球存在差距

集成电路领域中国在专利转让数据的增速上，较全球的专利转让增速更快，但总体数量上仍然存在较大差距。

2. 专利转让率上，苏州市仍需提升

全球授权专利总量为 523377 件，其中具有专利转让记录的为 167870 件，专利转让率为 32%；中国授权专利专利转让率为 12.1%、苏州市授权专利专利转让率为 8.7%。

3. 转让数据存在一定失真

由于转让情况的统计相对比较复杂，需要更多维度的客观数据综合分析，因此数据上存在一定失真。

4. 许可与被许可数量偏少

企业与企业之间的技术竞争相对封闭，未形成基于专利许可的技术共享机制。

5. 专利质押融资增长明显

在政策引导下，银行推出了不少针对科创或专利的质押融资以及贷款业务，促使企业参与度逐渐上升。

6. 苏州市企业作为诉讼当事人活跃度较高

从全国集成电路诉讼数据来看，苏州市作为诉讼当事人的数量及占比较高，可以作为未来关注的重点。

2.4　产业链位置专利布局分析

从产业链各环节的代表性企业分布来看，目前苏州市各辖区均有集成电路原材料或设备生产企业分布，而集成电路设计、制造、封测代表企业主要分布在工业园区、昆山、高新区等辖区。各区域集成电路下游汽车电子、通信等产业布局也较为完善。

根据《苏州市国民经济和社会发展第十四个五年规划和二〇三五年远景目标纲要》，到 2025 年，苏州市将从以下几个方面推动集成电路产业发展。

（1）攻克核心技术：突破超越摩尔时代的集成电路共性关键设计技术，大规模 MIMO 信道测量与建模等技术，量子点显示（QLED）、Micro LED、3D 立体显示和激光显示等。

（2）发展产业集群：软件和集成电路是苏州市重点发展的产业集群之一。主要发展领域包括工业基础软件、研发设计软件、制造流程控制软件、嵌入式软件等工业软件；发展车用芯片、安全芯片、网络芯片、高端数模芯片、硅光芯片等集成电路设计、化合物半导体、MEMS 智能传感。

（3）打造成为优势产业链：发展集成电路设计、特色集成电路制造，高端集成电路封测，关键设备和材料。到 2025 年产值突破 1000 亿元。

苏州市集成电路产业目前已经形成了完整的产业链，上游主要以芯片设计企业为主，中游则以芯片制造企业为主，下游主要是以电子产业为主的各种终端产品制造企业。

近年来，苏州市政府对集成电路产业的重视程度不断提高。政府不仅加大对上游和中游企业的资金支持和政策扶持力度，而且鼓励产业链下游企业采用本地芯片。这些措施加速了苏州市集成电路产业的发展。在政策指引和市场需求的驱动下，苏州市集成电路产业链不断完善，其中，上游半导体材料、半导体设备，中游半导体设计、半导体以及下游各环节企业数量较多。

表 2-19 反映了苏州市企业数量在全国集成电路产业位置中的分布情况，上游占比 7.4%、中游占比 8.3%、下游占比 5.6%，苏州市企业在产业中游、上游发展具有相对优势，下游相对处于弱势。本节将针对苏州市与全球、全

国专利在上游、中游、下游的具体情况展开详细的分析与对比。

表 2-19　苏州市企业在集成电路产业位置中的分布

产业位置	产业一级分类	产业二级分类	国内专利布局企业数量/个	苏州市专利布局企业数量/个	产业位置占比/%	细分节点占比/%
上游	IC 设计	EDA 软件	352	11	7.4	3.1
		芯片设计	15414	1039		6.7
	材料/化学品	硅晶圆	486	47		9.7
		靶材	470	29		6.2
		抛光材料	1261	95		7.5
		光刻胶	483	27		5.6
		湿电子化学品	526	40		7.6
		电子特种气体	198	7		3.5
		掩模版	277	25		9.0
		封装材料	1111	83		7.5
	制造设备	氧化炉	669	35		5.2
		CVD/PVD	1942	152		7.8
		光刻机	475	49		10.3
		涂胶/显影设备	1040	80		7.7
		刻蚀机	727	69		9.5
		离子注入机	223	9		4.0
		CMP 抛光设备	512	31		6.1
		清洗设备	1276	149		11.7
		研磨机	417	31		7.4
		切割机	925	111		12.0
		封装设备	2834	173		6.1
		测试设备	3350	302		9.0
中游	晶圆制造	制造工艺	2290	294	8.3	12.8
	封装测试	封装工艺	8013	552		6.9
		测试工艺	1114	100		9.0

续表

产业位置	产业一级分类	产业二级分类	国内专利布局企业数量/个	苏州市专利布局企业数量/个	产业位置占比/%	细分节点占比/%
下游	笔记本电脑		7513	666	5.6	8.9
	智能电视		850	36		4.2
	平板电脑		1731	103		6.0
	手机终端		21604	1048		4.9
	车载系统		4375	191		4.4
	可穿戴设备		3553	160		4.5

2.4.1　产业链总体专利布局情况

本节分析数据对象主要包括发明专利、实用新型专利及外观设计专利。针对上述技术分类体系进行上游、中游、下游专利数据统计分析，总体专利布局分析如图 2-23 所示。

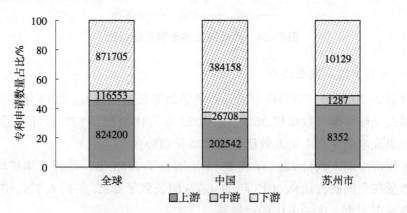

图 2-23　产业链专利布局情况（单位：件）

图 2-23 展示了集成电路产业全球、中国以及苏州市各维度产业链上游、中游、下游的专利申请情况。全球产业链专利分布情况中，产业链下游相关专利申请占比最多，其次是产业链上游，中游制造相对专利布局较少；而中国产业链专利分布，产业链下游相关专利申请比重较大，占比超过了全球布局比重，其次是产业链上游；苏州市产业链专利则集中分布在下游，上游占比也较大，苏州市产业结构与全球布局比例结构比较接近。

2.4.2　产业链上游态势分析

1.　申请趋势分析

集成电路产业链上游专利情况如图 2-24 所示，全球与中国专利申请趋势基本保持一致，2004—2010 年，专利申请数量处于增长前期；2011 年之后，专利申请呈上升趋势，专利申请进入快速增长阶段。苏州市专利申请数量一直呈现快速增长态势，2017 年之后，专利申请量进入高速增长阶段。

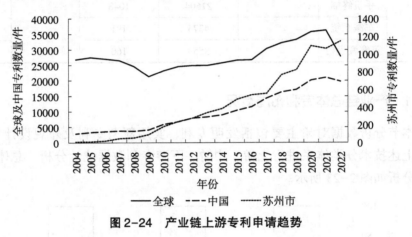

图 2-24　产业链上游专利申请趋势

2.　专利申请人数量趋势

由表 2-20 可知，中国在申请人数量层面增长速度突出。2013 年中国申请人数量占全球申请人数量仅 36%，到 2022 年占比增长至 82%，可见近 10 年来中国集成电路专利申请人数量呈快速增长趋势。

苏州市申请人数量 2022 年较 2013 年增长了 3.13 倍，苏州市集成电路申请人数量在全国的占比从 2013 年的 4.7% 增长到了 2022 年的 6.7%，对于一个地级城市而言，这一占比相对较高。

表 2-20　产业链上游专利申请人数量趋势

年份	全球申请人数量/个	中国申请人数量/个	苏州市申请人数量/个
2013	7996	2863	135
2014	7560	3071	150
2015	7962	3979	177
2016	8054	4528	200

续表

年份	全球申请人数量/个	中国申请人数量/个	苏州市申请人数量/个
2017	9113	5577	236
2018	9682	6491	315
2019	10009	6796	405
2020	11106	8024	490
2021	11518	8443	540
2022	10128	8310	557

3. 专利申请人排名

由图 2-25 可知，集成电路产业链上游专利主要布局在美国、日本、韩国等国家，全球排名前十的专利申请人中，韩国三星电子以 22849 件专利量排名第一；日本日立集团以 17259 件排名第二；韩国 SK 海力士以 15307 件排名第三。

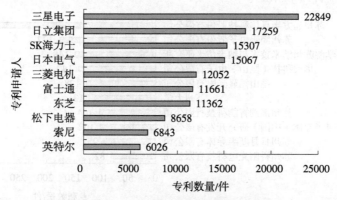

图 2-25　产业链上游全球申请人排名

由图 2-26 可知，集成电路产业链上游中国专利申请人以企业为主，排名前十位的申请人中，中芯国际集成电路制造（上海）有限公司以 4948 件位居第一；台湾积体电路制造股份有限公司以 3728 件排名第二；京东方科技集团股份有限公司以 1480 件位居第三。

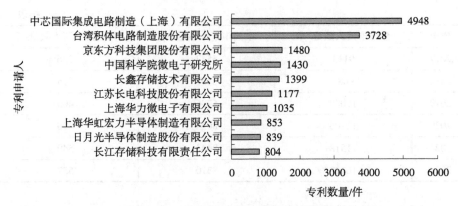

图 2-26　产业链上游中国申请人排名

由图 2-27 可知，集成电路产业链上游苏州市专利申请人申请数量相对不多，其中，苏州晶方半导体科技股份有限公司以 295 件位居第一；苏州固锝电子股份有限公司以 177 件排名第二；中国科学院苏州纳米技术与纳米仿生研究所以 148 件排名第三。

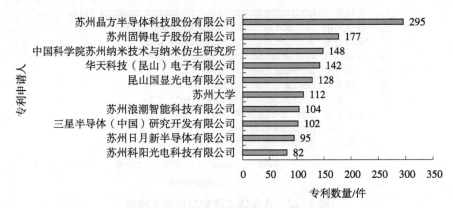

图 2-27　产业链上游苏州市申请人排名

4. 技术构成分析

从表 2-21 IPC 技术构成情况来看，全球、中国以及苏州市在集成电路上游的技术布局都集中在 H01L，而中国及苏州市的 IPC 交叉度相比全球要更合理一些。这是因为随着技术布局的日益完善，先进技术突破往往向着交叉技术领域蔓延。

表 2-21　产业链上游 IPC 分布技术

维度	IPC 分布分析
全球	
中国	
苏州市	

5. 专利价值度分析

专利价值度依据 incoPat 专利价值度评价系统进行分析，可得到表 2-22 所示数据。专利价值度的评价从技术稳定性、技术先进性、独立权利要求的数量、专利被引用次数等多个维度展开，对专利质量的整体评估具有一定的借鉴意义。

表 2-22 产业链上游专利价值度分析

专利价值度/分	专利数量/件		
	全球	中国	苏州市
10	195739	15921	105
9	138442	48615	1676
8	104731	28924	1127
7	100569	40822	2245
6	87065	19151	776
5	81796	19752	1004
4	39839	12466	622
3	38864	5727	265
2	31967	10678	522
1	5188	489	10

从表 2-23 数据及分析图可以看出，全球在集成电路上游的专利整体质量上，呈现出高价值专利向低价值专利数量递减的趋势；而中国专利的质量在 7~10 分的分布上，仍占据主要数量，但是 10 分的高价值专利相对较少；苏州市在 10 分的专利数量上更有待加强。

表 2-23 产业链上游价值度分布

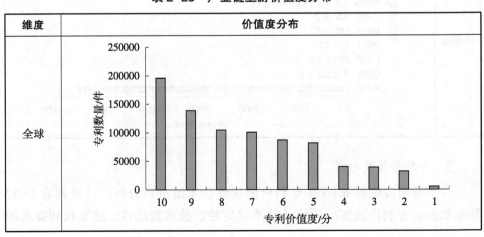

续表

维度	价值度分布
中国	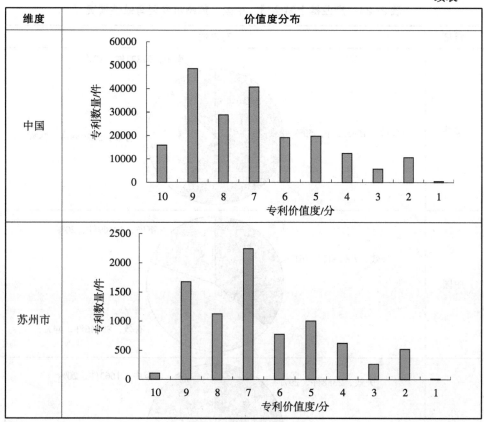
苏州市	

6. 专利有效性分析

由表 2-24 可知，集成电路产业链上游专利中，全球有效专利占比 29%，审中专利占比 12%，失效专利占比 59%。中国和苏州市有效专利占比分别为 44% 和 51%，有效专利占比均高于全球平均水平，一方面因为中国这些年专利处于高速增长阶段，有效专利数量在持续增长，另一方面因为项目统计未做时间限定，而国外专利 20 年以前的申请量巨大，导致有效专利占比低。

表2-24　产业链上游全球、中国、苏州市专利有效性情况

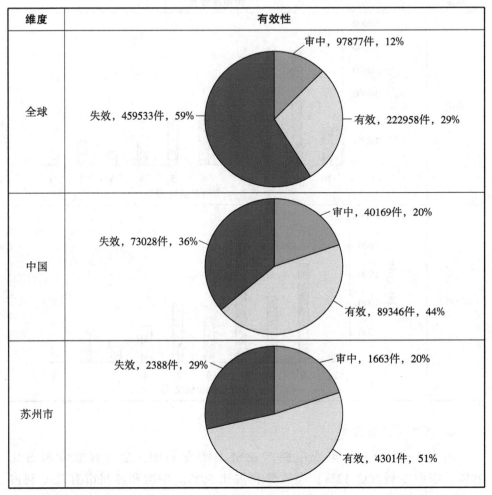

维度	有效性
全球	审中，97877件，12%　失效，459533件，59%　有效，222958件，29%
中国	审中，40169件，20%　失效，73028件，36%　有效，89346件，44%
苏州市	审中，1663件，20%　失效，2388件，29%　有效，4301件，51%

2.4.3　产业链中游态势分析

1. 申请趋势分析

集成电路产业链中游专利情况如图2-28所示，中国与全球专利申请趋势基本保持一致，2004—2015年，专利申请数量处于增长前期；2016年之后，专利申请趋势逐渐加速，专利申请进入增长阶段。苏州市专利申请数量一直呈现快速增长态势，2015—2019年出现短暂调整期。

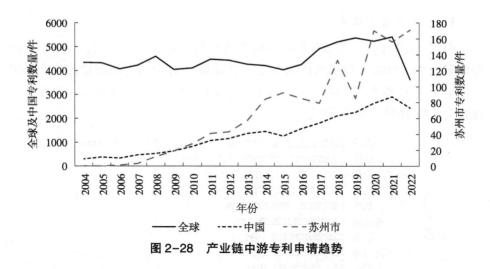

图 2-28 产业链中游专利申请趋势

2. 专利申请人数量趋势

由表 2-25 可知，中国在申请人数量层面增长速度突出。2013 年中国申请人数量占全球申请人数量仅 36%，到 2022 年占比增长至 70%，可见近 10 年中国在集成电路专利申请人数量上呈增长趋势。苏州市集成电路申请人数量在全国的占比从 2013 年的 5.2% 增长到了 2022 年的 9.4%。

表 2-25 产业链中游专利申请人数量趋势

年份	全球申请人数量/个	中国申请人数量/个	苏州市申请人数量/个
2013	1577	582	30
2014	1516	640	41
2015	1465	625	45
2016	1512	725	41
2017	1684	819	49
2018	1749	915	61
2019	1853	999	54
2020	2059	1234	111
2021	2176	1374	112
2022	1847	1296	122

3. 专利申请人排名

由图 2-29 可知，集成电路产业链中游专利主要布局在美国、日本、韩国等国家，中国台湾的台积电进入前十，全球排名前十的专利申请人中，韩国三星电子以 3390 件排名第一；日本日立集团以 1929 件排名第二；日本 DAS 株式会社以 1633 件排名第三。

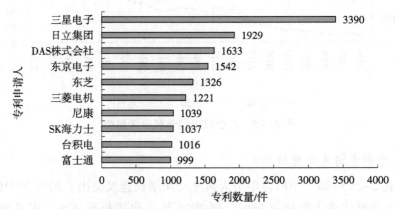

图 2-29 产业链中游全球申请人排名

由图 2-30 可知，集成电路产业链中游中国专利申请人以企业为主，排名前十位的申请人中，中芯国际集成电路制造（上海）有限公司以 569 件排名第一；日月光半导体制造股份有限公司以 528 件排名第二；台湾积体电路制造股份有限公司以 447 件排名第三。

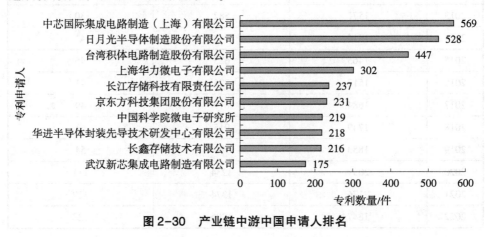

图 2-30 产业链中游中国申请人排名

由图 2-31 可知，集成电路产业链中游苏州市专利申请人申请数量相对不多，其中，华灿光电（苏州）有限公司以 76 件排名第一；苏州阿特斯阳光电力科技有限公司以 64 件排名第二；三星半导体（中国）研究开发有限公司以 56 件排名第三。

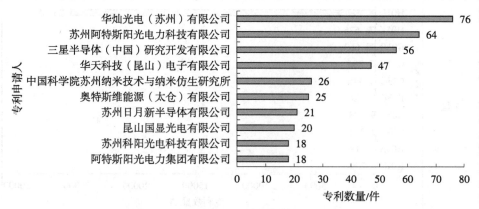

图 2-31　产业链中游苏州市申请人排名

4．技术构成分析

由表 2-26 看出，从 IPC 技术构成情况来看，全球、中国以及苏州市在集成电路中游的技术布局都集中在 H01L，而全球的 IPC 交叉度相比中国和苏州市要更合理一些。

表 2-26　产业链中游 IPC 分布分析

维度	IPC 分布分析		
全球	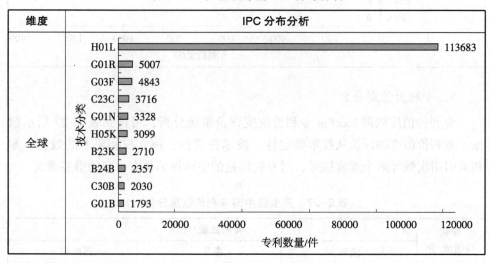		

续表

维度	IPC 分布分析
中国	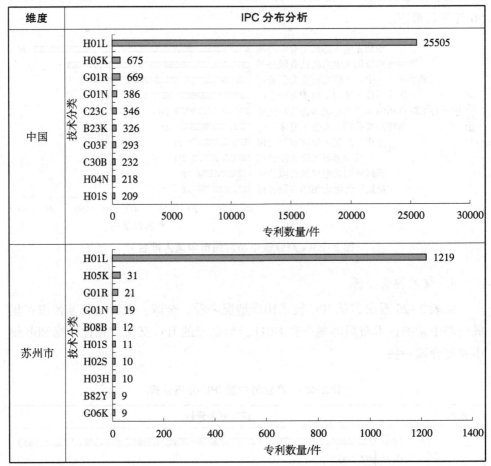
苏州市	

5. 专利价值度分析

专利价值度依据 incoPat 专利价值度评价系统分析，可得到表 2-27 所示数据。专利价值度的评价从技术稳定性、技术先进性、独立权利要求的数量、专利被引用次数等多个维度展开，对专利质量的整体评估具有一定的借鉴意义。

表 2-27　产业链中游专利价值度分析

专利价值度/分	专利数量/件		
	全球	中国	苏州市
10	28772	2293	10

续表

专利 价值度/分	专利数量/件		
	全球	中国	苏州市
9	21743	7542	522
8	15490	3526	265
7	13280	4003	622
6	12032	3167	1004
5	10554	2891	776
4	6326	1628	2245
3	4283	548	1127
2	3461	1071	1676
1	612	39	105

　　从表 2-28 数据及分析图可以看出，全球在集成电路中游的专利整体质量上，呈现出高价值专利向低价值专利数量递减的趋势；而中国专利的质量在 7~10 分的分布上仍占据主要数量，但是 10 分的高价值专利相对较少；苏州市在 10 分的专利数量上更有待加强。

表 2-28　产业链中游价值度分布

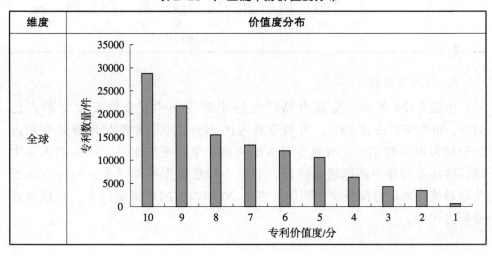

维度	价值度分布
全球	

维度	价值度分布
中国	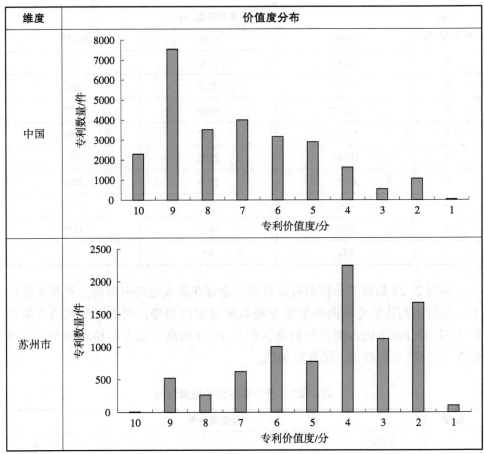
苏州市	

6. 专利有效性

由表 2-29 可知，集成电路产业链中游专利中，全球有效专利占比 31%，审中专利占比 18%，失效专利占比 51%；中国和苏州市有效专利占比分别为 49% 和 47%，有效专利占比均高于全球平均水平，一方面因为中国这些年专利处于高速增长阶段，有效专利数量在持续增长，另一方面因为项目统计未做时间限定，而国外专利 20 年以前的申请量巨大，导致有效专利占比低。

表 2-29　产业链中游全球、中国、苏州市专利有效性情况

维度	有效性
全球	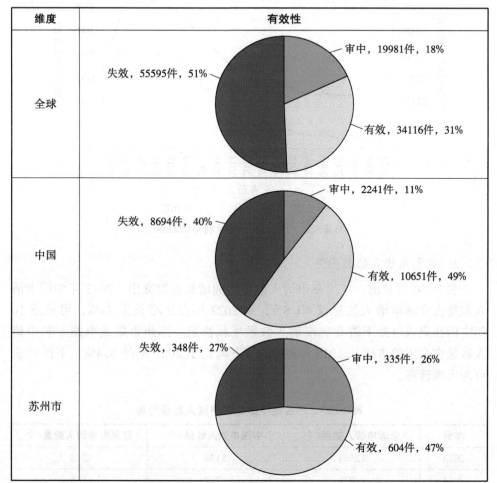
中国	
苏州市	

2.4.4　产业链下游态势分析

1. 申请趋势分析

集成电路产业链下游专利情况如图 2-32 所示，全球与中国专利申请趋势基本保持一致，2004—2014 年，专利申请数量处于增长前期；2015 年之后，专利申请趋势开始加速，专利申请进入快速增长阶段。苏州市专利申请数量一直呈现快速增长态势，2010 年之后，专利申请量进入高速增长阶段，2013 年出现一次异常增长，之后恢复正常增长趋势。

图 2-32　产业链下游专利申请趋势

2. 专利申请人数量趋势

表 2-30 可看出，中国在申请人数量层面增长速度突出。2013 年中国申请人数量占全球申请人数量仅 40.8%，到 2022 年占比增长至 74%，可见近 10 年中国在集成电路下游专利申请人数量增长快速。苏州市集成电路专利申请人数量在全国的占比从 2013 年的 4.2% 下降到了 2022 年的 3.4%，下游产业可能出现转移。

表 2-30　产业链下游专利申请人数量趋势

年份	全球申请人数量/个	中国申请人数量/个	苏州市申请人数量/个
2013	12564	5132	218
2014	12831	5737	186
2015	14194	7676	229
2016	15584	9233	271
2017	17562	11468	328
2018	18255	12117	384
2019	19072	12599	416
2020	22012	15504	564
2021	21764	14928	513
2022	16952	12597	439

3. 专利申请人排名

从图 2-33 可看出，集成电路产业链下游专利中国企业布局量较多，全球排名前十的专利申请人中，韩国 LG 集团以 18678 件排名第一；韩国三星电子以 15055 件排名第二；腾讯科技（深圳）有限公司以 6931 件排名第三；广东欧珀移动通信有限公司以 6754 件排名第四；维沃移动通信有限公司以 6011 件排名第六；努比亚技术有限公司以 5087 件排名第八；平安科技（深圳）有限公司以 4879 件排名第九。

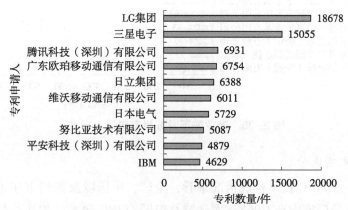

图 2-33　产业链下游全球申请人排名

由图 2-34 可看出，集成电路产业链下游中国专利申请人以企业为主，排名前十位的申请人中，广东欧珀移动通信有限公司以 6711 件排名第一；维沃移动通信有限公司以 6011 件排名第二；努比亚技术有限公司以 5087 件排名第三。

图 2-34　产业链下游中国申请人排名

注：图 2-33 是各个企业全球专利布局，图 2-34 是中国专利布局，因此同样的企业在不同统计维度下的数据会出现不一致。

由图 2-35 可看出，集成电路产业链下游苏州市专利申请人申请数量相对不多，其中，苏州浪潮智能科技有限公司以 749 件排名第一；中移（苏州）软件技术有限公司以 190 件排名第二；乐金电子（昆山）电脑有限公司以 137 件排名第三。

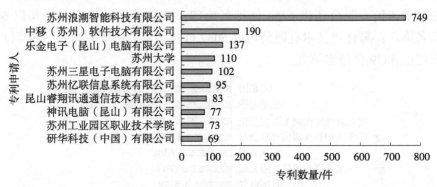

图 2-35　产业链下游苏州市申请人排名

4. 技术构成分析

从表 2-31 IPC 技术构成情况来看，全球、中国以及苏州市在集成电路下游的技术布局都集中在 G06F，而全球及中国的 IPC 交叉度相比苏州市要更合理一些。这是因为随着技术布局的日益完善，先进技术突破往往向着交叉技术领域蔓延。

表 2-31　产业链下游 IPC 技术构成分析

维度	IPC 分布分析
全球	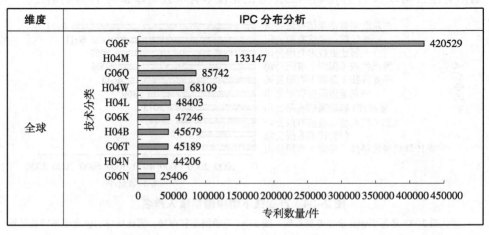

续表

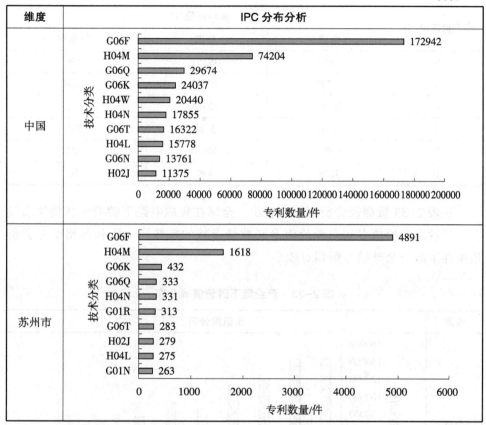

5. 专利价值度分析

专利价值度依据 incoPat 专利价值度评价系统分析，得到如下数据（见表2-32），专利价值度的评价从技术稳定性、技术先进性、独立权利要求的数量、专利被引用次数等多个维度展开，对专利质量的整体评估具有一定的借鉴意义。

表2-32　产业链下游专利价值度分析

专利价值度/分	专利数量/件		
	全球	中国	苏州市
10	195739	15921	105
9	138442	48615	1676
8	104731	28924	1127
7	100569	40822	2245

续表

专利价值度/分	专利数量/件		
	全球	中国	苏州市
6	87065	19151	776
5	81796	19752	1004
4	39839	12466	622
3	38864	5727	265
2	31967	10678	522
1	5188	489	10

从表 2-33 数据及分析图可以看出，全球在集成电路下游的专利整体质量上，呈现出高价值专利向低价值专利数量递减的趋势；中国和苏州市专利价值度在下游与全球的差距相对较小。

表 2-33　产业链下游价值度分布

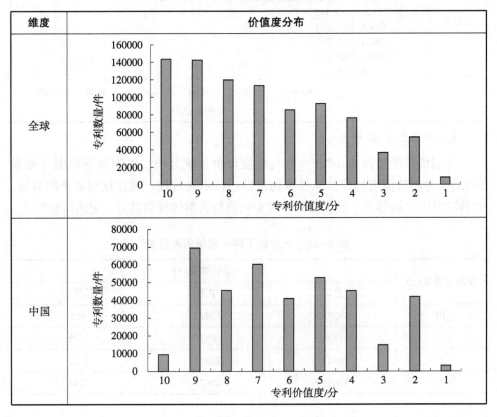

续表

维度	价值度分布
苏州市	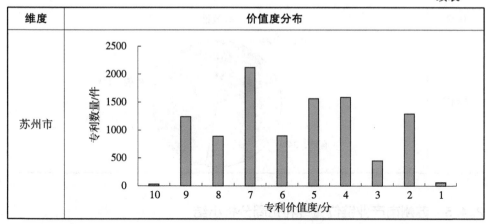

6. 专利有效性

由表 2-34 可知，集成电路产业链下游专利中，全球有效专利占比 29%，审中专利占比 20%，失效专利占比 51%。中国和苏州市有效专利占比分别为 31% 和 34%，有效专利占比均高于全球平均水平，一方面因为中国这些年专利处于高速增长阶段，有效专利数量在持续增长，另一方面因为项目统计未做时间限定，而国外专利 20 年以前的申请量巨大，导致有效专利占比低。

表 2-34　专利有效性

维度	有效性
全球	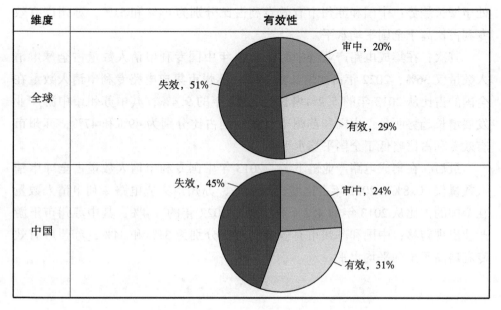
中国	

续表

维度	有效性
苏州市	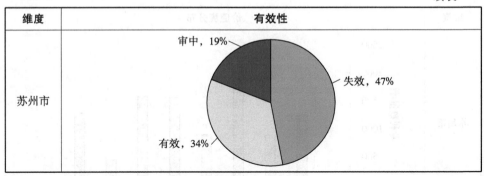

2.4.5 苏州市产业链位置专利布局分析小结

苏州市产业结构与全球布局比例结构比较接近。苏州市产业链专利集中分布在下游，上游占比也较大，中游相对占比较小。苏州市企业数量在全国集成电路产业位置中分布情况，上游占比 7.4%、中游占比 8.3%、下游占比 5.6%。苏州市在产业位置中的中游、上游处于相对优势，下游处于相对弱势。

首先，在集成电路产业链上游，2013 年中国专利申请人数量占全球申请人数量仅 36%，2022 年占比增长到 82%；苏州市集成电路专利申请人数量在全国的占比从 2013 年的 4.7% 增长到 2022 年的 6.7%，其中苏州市上游产业处于增长趋势；中国和苏州市有效专利占比分别为 44% 和 51%，苏州市有效专利占比高于全国平均水平。

其次，在集成电路产业链中游，2013 年中国专利申请人数量占全球申请人数量仅 36%，2022 年占比增长到 70%；苏州市集成电路专利申请人数量在全国的占比从 2013 年的 5.2% 增长到 2022 年的 9.4%，其中苏州市中游产业发展增长趋势明显；中国和苏州市有效专利占比分别为 49% 和 47%，苏州市有效专利占比略低于全国平均水平。

最后，在集成电路产业链下游，2013 年中国专利申请人数量占全球申请人数量仅 40.8%，2022 年占比增长到 74%，苏州市集成电路专利申请人数量在全国的占比从 2013 年的 4.2% 下降到了 2022 年的 3.4%，其中苏州市下游产业出现转移；中国和苏州市有效专利占比分别为 31% 和 34%，苏州市有效专利略高于全国平均水平。

2.5　集成电路产业产学研合作分析

2.5.1　校企联合申请专利分析

集成电路产学研合作对产业发展具有较强的现实意义。集成电路是信息时代的基础，其技术水平对一个国家的科技实力有着直接影响。集成电路产业通过产学研的合作模式，可以借助高校和科研机构的研究优势，更好地推动技术创新，保持产业的竞争力。产学研合作不仅可以转化科研成果，而且可以作为培养人才的重要途径。企业可以通过这种方式获取到更多具有实践能力的专业人才，同时也为高校和科研机构的学生提供了理论联系实际的机会。产学研合作可以优化产业结构，提升产业链的价值。企业可以通过合作获取更加先进的技术，提升产品的附加值，同时也能推动相关配套产业的发展，形成产业集群效应。

集成电路领域目前校企合作联合专利申请共计 2710 件。国内集成电路产学研的专利联合申请数据中，在大学层面，清华大学以 380 件联合申请专利高居榜首；其次是浙江大学，共提交联合申请 102 件；第三名是复旦大学，共提交联合申请 99 件。国内集成电路产学研联合申请排名前十的高校数据见表 2-35。

表 2-35　国内集成电路产学研联合申请排名前十的高校

序号	高校名称	联合申请数量/件
1	清华大学	380
2	浙江大学	102
3	复旦大学	99
4	电子科技大学	95
5	北京大学	92
6	华中科技大学	59
7	上海交通大学	59
8	华南理工大学	57
9	深圳清华大学研究院	52
10	南昌大学	40

在清华大学的合作企业中，鸿富锦精密工业（深圳）有限公司以 93 件联合申请专利位居第一；其次是深圳市力合材料有限公司，共 42 件；第三位是华海清科股份有限公司，共 31 件，见表 2-36。

表 2-36　清华大学产学研合作排名前十的企业

序号	清华大学产学研合作企业	联合申请数量/件
1	鸿富锦精密工业（深圳）有限公司	93
2	深圳市力合材料有限公司	42
3	华海清科股份有限公司	31
4	昆山维信诺显示技术有限公司	29
5	北京维信诺科技有限公司	24
6	天津华海清科机电科技有限公司	22
7	浙江清华柔性电子技术研究院	11
8	北京维信诺科技有限公司	10
9	上海人工智能创新中心	10
10	天津华海清科机电科技有限公司	9

从与全国各大高校合作的企业维度分析，鸿富锦精密工业（深圳）有限公司以 93 件联合申请专利位居第一；上海集成电路制造创新中心有限公司以 58 件位居第二；国家电网公司以 42 件位居第三，具体数据见表 2-37。

表 2-37　与全国高校合作申请专利排名前十的企业

序号	企业名称	联合申请数量/件
1	鸿富锦精密工业（深圳）有限公司	93
2	上海集成电路制造创新中心有限公司	58
3	国家电网公司	42
4	深圳市力合材料有限公司	40
5	北京维信诺科技有限公司	34
6	华海清科股份有限公司	33
7	天津华海清科机电科技有限公司	31
8	昆山维信诺显示技术有限公司	29
9	南昌硅基半导体科技有限公司	25
10	浙江清华柔性电子技术研究院	20

经过对上述 2710 件专利进行标引可知，校企合作主要解决的问题集中在降低成本、提高可靠性等方面，具体数据见表 2-38。

表 2-38　校企合作主要解决的问题

序号	核心技术关键词	数量/件
1	成本降低	346
2	可靠性提高	135
3	稳定性提高	134
4	效率提高	117
5	工艺复杂性降低	108
6	结构复杂性降低	84
7	操作复杂性降低	75
8	便利性提高	75
9	安全提高	66
10	均匀性提高	48

2.5.2　产业链重点高校及研究院所专利分析

对全国重点高校及研究院所在各个产业链节点进行数据统计，可得到重点专利布局的高校及科研院所的产业链节点关系数据，进而为企业与高校、科研院所的技术合作提供数据支撑，具体数据见表 2-39。

表 2-39　产业链重点高校、科研院所所在地区分析

产业链节点			创新主体类型	所在地市
上游	IC 设计	EDA	中国科学院微电子研究所	北京市
			复旦大学	上海市
			清华大学	北京市
			西安电子科技大学	西安市
			天津大学	天津市

续表

产业链节点			创新主体类型	所在地市
上游	IC 设计	芯片设计	中国科学院微电子研究所	北京市
			北京大学	北京市
			电子科技大学	成都市
			复旦大学	上海市
			西安电子科技大学	西安市
	材料/化学品	硅晶圆	浙江大学	杭州市
			清华大学	北京市
			上海交通大学	上海市
			哈尔滨工业大学	哈尔滨市
			复旦大学	上海市
		靶材	吉林大学	长春市
			浙江大学	杭州市
			北京科技大学	北京市
			复旦大学	上海市
			上海交通大学	上海市
		抛光材料	清华大学	北京市
			北京科技大学	北京市
			中国科学院上海微系统与信息技术研究所	上海市
			吉林大学	长春市
			浙江工业大学	杭州市
		光刻胶	中国科学院微电子研究所	北京市
			清华大学	北京市
			中国科学院上海光学精密机械研究所	上海市
			中国科学院光电技术研究所	成都市
			上海交通大学	上海市
		湿电子化学品	中国科学院大连化学物理研究所	大连市
			中国科学院上海微系统与信息技术研究所	上海市
			清华大学	北京市

续表

产业链节点			创新主体类型	所在地市
上游	材料/化学品	湿电子化学品	中国科学院化学研究所	北京市
			东南大学	南京市
		电子特种气体	天津大学	天津市
			中国科学院大连化学物理研究所	大连市
			浙江大学	杭州市
			中国科学院福建物质结构研究所	福州市
			云南民族大学	昆明市
		掩模版	中国科学院微电子研究所	北京市
			西安电子科技大学	西安市
			北京大学	北京市
			电子科技大学	成都市
			中国科学院半导体研究所	北京市
		封装材料	深圳先进电子材料国际创新研究院	深圳市
			中国科学院化学研究所	北京市
			中国科学院深圳先进技术研究院	深圳市
			华南理工大学	广州市
			中国科学院大连化学物理研究所	大连市
	制造设备	氧化炉	浙江大学	杭州市
			清华大学	北京市
			北京工业大学	北京市
			山东建筑大学	济南市
			西安电子科技大学	西安市
		CVD/PVD	中国科学院半导体研究所	北京市
			中国科学院微电子研究所	北京市
			华中科技大学	武汉市
			中国电子科技集团公司第四十八研究所	长沙市
			北京师范大学	北京市
		光刻机	中国科学院光电技术研究所	成都市
			中国科学院上海光学精密机械研究所	上海市
			清华大学	北京市

续表

产业链节点			创新主体类型	所在地市
上游	制造设备	光刻机	浙江大学	杭州市
			哈尔滨工业大学	哈尔滨市
		涂胶/显影设备	中国科学院微电子研究所	北京市
			长春工业大学	长春市
			中国科学院上海光学精密机械研究所	上海市
			中国科学院光电技术研究所	成都市
			中国科学院长春光学精密机械与物理研究所	长春市
		刻蚀机	中国科学院微电子研究所	北京市
			中国电子科技集团公司第十三研究所	石家庄市
			上海大学	上海市
			武汉大学	武汉市
			中国科学技术大学	合肥市
		离子注入机	中国科学院微电子研究所	北京市
			中国电子科技集团公司第四十八研究所	长沙市
			清华大学	北京市
			电子科技大学	成都市
			中国科学院上海微系统与信息技术研究所	上海市
		抛光设备	清华大学	北京市
			中国科学院微电子研究所	北京市
			大连理工大学	大连市
		抛光设备	北京半导体专用设备研究所（中国电子科技集团公司第四十五研究所）	北京市
			河北工业大学	天津市
		清洗设备	中国科学院微电子研究所	北京市
			北京半导体专用设备研究所（中国电子科技集团公司第四十五研究所）	北京市
			清华大学	北京市
			河北工业大学	天津市
			中国电子科技集团公司第四十五研究所	北京市

续表

产业链节点			创新主体类型	所在地市
上游	制造设备	研磨机	中国科学院微电子研究所	北京市
			青岛大学	青岛市
			清华大学	北京市
			中国电子科技集团公司第四十五研究所	北京市
			北京航空航天大学	北京市
		切割机	上海市激光技术研究所	上海市
			华南理工大学广州学院	广州市
			常州机电职业技术学院	常州市
			上海大学（浙江·嘉兴）新兴产业研究院	嘉兴市
			北京半导体专用设备研究所（中国电子科技集团公司第四十五研究所）	北京市
		封装设备	浙江大学	杭州市
			杭州电子科技大学	杭州市
			中国科学院微电子研究所	北京市
			电子科技大学	成都市
			华南理工大学	广州市
		测试设备	清华大学	北京市
			中国科学院微电子研究所	北京市
			中国科学院半导体研究所	北京市
			南京理工大学	南京市
			电子科技大学	成都市
中游	晶圆制造	制造工艺	中国科学院微电子研究所	北京市
			电子科技大学	成都市
			中国科学院半导体研究所	北京市
			中国科学院上海微系统与信息技术研究所	上海市
			北京大学	北京市
	封装测试	封装工艺	中国科学院半导体研究所	北京市
			中国科学院微电子研究所	北京市
			电子科技大学	成都市

续表

产业链节点			创新主体类型	所在地市
中游	封装测试	封装工艺	中国科学院上海微系统与信息技术研究所	上海市
			清华大学	北京市
		测试工艺	中国科学院微电子研究所	北京市
			清华大学	北京市
			北京大学	北京市
			西安电子科技大学	西安市
			中国科学院上海微系统与信息技术研究所	上海市

2.6 苏州市集成电路产业专利分析

2.6.1 苏州市专利发展趋势分析

1. 专利申请量趋势分析

统计苏州市集成电路领域 2010 年以来的专利申请趋势，2010 年申请量为 250 件，2022 年已经增长到 1477 件。具体数据如图 2-36 所示。

图 2-36 苏州市集成电路领域专利申请趋势

如图 2-36 所示，苏州市近些年集成电路领域的专利布局一直处于增长趋势，根据多项式预测，2025 年专利申请量将超过 2000 件。其近些年的增长率数据如图 2-37 所示。

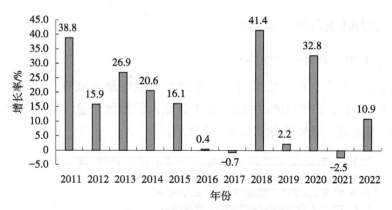

图 2-37　苏州市专利申请增长率

从增长率角度分析，苏州市集成电路专利布局整体上处于增长态势，但在 2017 年及 2021 年的增长率出现负数，可见其专利申请量仍存在波动。

2. 专利申请人趋势分析

统计苏州市集成电路领域 2013 年以来的申请人数量，2013 年申请人数量为 149 个，2022 年已经增长到 620 个，具体数据如图 2-38 所示。苏州市近十年集成电路领域的申请人数量一直处于增长态势，但是近年来已经出现增长乏力，按照多项式趋势线的理论预测，2023 年申请人达到最高峰近 700 个，申请人数饱和后将出现下滑。

图 2-38　苏州市集成电路领域的申请人数量增长态势分析

2.6.2 苏州市专利转化运营分析

1. 苏州市专利转让流向分析

统计苏州市专利转让数据可知，苏州市集成电路领域有专利转让记录的专利共计 951 件，占比 10% 左右。统计受让人的地址信息，得到苏州市专利转让的流向城市，具体数据如图 2-39 所示。

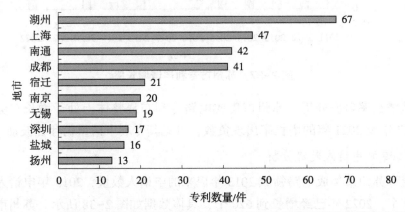

图 2-39 苏州市集成电路领域专利申请人或权利人转让专利流向城市分析

从统计数据可以看出，苏州市集成电路领域专利申请人或权利人转让的专利技术，受让人排在第一的城市是浙江省湖州市，总计 67 件；其次是上海市，总计 47 件；第三位是江苏省南通市，总计 42 件。

从转让人角度分析，得到重要专利转让人数据，见表 2-40。

表 2-40 苏州市集成电路领域重要专利转让人分析

序号	转让人	数量/件
1	昆山国显光电有限公司	46
2	昆山工研院新型平板显示技术中心有限公司	33
3	苏州大学	24
4	西安奕斯伟材料科技有限公司	24
5	顾中科技（苏州）有限公司	24
6	苏州阿特斯阳光电力科技有限公司	18
7	华天科技（昆山）电子有限公司	15
8	苏州纳米技术与纳米仿生研究所	15

序号	转让人	数量/件
9	苏州晶品新材料股份有限公司	12
10	江阴德飞激光设备有限公司	11

其中，昆山国显光电有限公司以 46 件转让专利排名第一；昆山工研院新型平板显示技术中心有限公司以 33 件排名第二；苏州大学以 24 件排名第三。

从受让人角度分析，可得到重要专利受让人数据，见表 2-41。

表 2-41　苏州市集成电路领域重要专利受让人分析

序号	受让人	数量/件
1	浙江熔城半导体有限公司	66
2	成都辰显光电有限公司	40
3	合肥颀中封测技术有限公司	24
4	广州国显科技有限公司	11
5	江阴德力激光设备有限公司	11
6	盐城阿特斯阳光能源科技有限公司	10
7	南京瀚宇彩欣科技有限责任公司	9
8	聚灿光电科技（宿迁）有限公司	9
9	丽智电子（南通）有限公司	8
10	华东光电集成器件研究所	8

2. 苏州市专利质押情况分析

苏州市集成电路产业专利质押量总计 27 件，占比不到 1%，具体出质人数据见表 2-42。

表 2-42　苏州市集成电路产业专利具体出质人分析

序号	公司	出质量/件
1	基迈克材料科技（苏州）有限公司	3
2	百克晶半导体科技（苏州）有限公司	2
3	苏州启微芯电子科技有限公司	2
4	苏州微影激光技术有限公司	2
5	苏州矩阵光电有限公司	2

序号	公司	出质量/件
6	苏州艾科瑞思智能装备股份有限公司	2
7	苏州苏纳光电有限公司	2
8	吴江市曙光化工有限公司	1
9	吴钧科技（苏州）有限公司	1
10	宜确半导体（苏州）有限公司	1
11	帝京半导体科技（苏州）有限公司	1
12	常熟市赵市华达染整有限责任公司	1
13	广州市魅信信息科技有限公司	1
14	昆山工研院新型平板显示技术中心有限公司	1
15	江苏思尔德科技有限公司	1
16	江苏矽研半导体科技有限公司	1
17	江苏聚润硅谷新材料科技有限公司	1
18	江苏艾科瑞思封装自动化设备有限公司	1
19	江西东海蓝玉光电科技有限公司	1

苏州市集成电路产业专利具体质权人数据见表2-43。

表2-43 苏州市集成电路产业专利具体质权人分析

序号	质权人	数量/件
1	上海浦东发展银行股份有限公司常熟支行	2
2	中国建设银行股份有限公司苏州长三角一体化示范区分行	2
3	中国建设银行股份有限公司苏州高新技术产业开发区支行	2
4	中国银行股份有限公司张家港分行	2
5	九江鄱湖新城投资建设有限公司	2
6	交通银行股份有限公司苏州高新技术产业开发区支行	2
7	江苏江阴农村商业银行股份有限公司苏州分行	2
8	苏州禾裕融资租赁有限公司	2
9	上海银行股份有限公司苏州分行	1
10	中国农业银行股份有限公司苏州相城支行	1
11	中国建设银行股份有限公司广州白云支行	1

序号	质权人	数量/件
12	中国建设银行股份有限公司张家港分行	1
13	中国建设银行股份有限公司盐城大丰支行	1
14	中投融资担保海安有限公司	1
15	交通银行股份有限公司常熟分行	1
16	交通银行股份有限公司苏州分行	1
17	南京银行股份有限公司连云港分行	1
18	安徽国元融资担保有限公司	1
19	江苏宝涵租赁有限公司	1

3. 苏州市专利许可情况分析

目前，苏州市集成电路产业许可专利数量总计32件，具体数据见表2-44。

表2-44　苏州市集成电路产业许可专利数量分析

序号	许可人	许可专利数量/件
1	昆山国显光电有限公司	12
2	昆山工研院新型平板显示技术中心有限公司	3
3	高视科技（苏州）有限公司	3
4	中国科学院苏州纳米技术与纳米仿生研究所	2
5	华天科技（昆山）电子有限公司	2
6	林海湖	2
7	东旭科技集团有限公司	1
8	张家港华捷电子有限公司	1
9	昆山维信诺显示技术有限公司	1
10	苏州全磊光电有限公司	1
11	苏州协鑫光伏科技有限公司	1
12	苏州理硕科技有限公司	1
13	苏州芯聚半导体有限公司	1
14	苏州苏纳光电有限公司	1

从表中数据可知，昆山国显光电有限公司许可专利数量为12件，位居第一；其次是昆山工研院新型平板显示技术中心有限公司和高视科技（苏

州）有限公司，许可专利数量分别为 3 件。苏州市集成电路领域有专利许可的数据不到总数据量的 1%，在专利许可转化层面有较大提升空间。

4. 苏州市诉讼当事人情况分析

对苏州市申请人的专利诉讼情况进行检索分析，统计苏州市诉讼当事人在专利诉讼数量上的排名情况，排名前八的诉讼当事人具体信息见表 2-45。

表 2-45　苏州市集成电路专利排名前八的诉讼当事人分析

序号	诉讼当事人	专利数量/件
1	苏州微影激光技术有限公司	7
2	苏州源卓光电科技有限公司	7
3	苏州微烁光学科技有限公司	4
4	朱亮	3
5	胡传武	3
6	微智精密光电无锡有限公司	1
7	江苏贺鸿电子有限公司	1
8	苏州晶方半导体科技	1

从苏州市集成电路诉讼数据来看，苏州企业在全国的集成电路诉讼领域数据量以及占比还是较大的，因此在专利运营情况以及未来政策倾斜方面可以重点关注专利诉讼相关情况。

2.6.3　苏州市专利质量分析

1. 苏州市发明专利授权量趋势分析

对苏州市集成电路产业发明专利按照授权年度进行统计，得到苏州市集成电路产业专利授权量趋势数据如图 2-40 所示。

通过数据可知，目前苏州市集成电路产业专利授权量处于增长态势，未来 3 年的授权量将持续增长。进一步对各年度结案数据（每年度授权量、驳回量及撤回量数据）进行统计，可得到苏州市集成电路产业专利授权率数据，如图 2-41 所示。

图 2-40　苏州市集成电路产业专利授权数量趋势分析

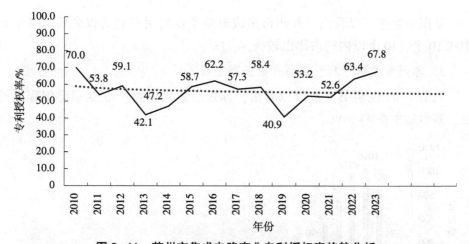

图 2-41　苏州市集成电路产业专利授权率趋势分析

从图 2-41 的数据可以看出，2019 年以来苏州市集成电路产业发明专利的授权率降至最低的 40.9%，之后慢慢回升，目前整体授权率处于上升态势。

2. 苏州市发明专利权利要求数量分布分析

统计苏州市集成电路产业发明专利的权利要求数量分布，得到数据如图 2-42 所示。

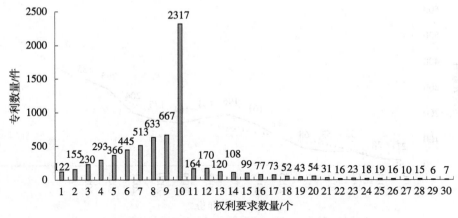

图 2-42　苏州市集成电路产业发明专利的权利要求数量分布

从图中数据可以看出，苏州市集成电路产业发明专利的权利要求基本集中在 10 个，10 个以内的占比也较高。

3. 苏州市发明专利说明书页数分布分析

从图 2-43 说明书页数可以看出，苏州市集成电路产业专利详细程度不足，基本集中在 4~5 页。

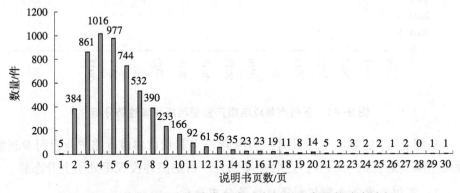

图 2-43　苏州市集成电路产业发明专利说明书页数分布分析

4. 苏州市专利代理情况分析

统计苏州市集成电路产业专利的代理服务机构数据，得到结果见表 2-46。

表 2-46　苏州市集成电路产业专利代理服务机构分析

序号	代理机构	代理量/件
1	苏州创元专利商标事务所有限公司	811
2	北京品源专利代理有限公司	343
3	苏州威世朋知识产权代理事务所（普通合伙）	343
4	北京集佳知识产权代理有限公司	337
5	南京利丰知识产权代理事务所（特殊普通合伙）	310
6	南京纵横知识产权代理有限公司	211
7	苏州国诚专利代理有限公司	184
8	南京苏科专利代理有限责任公司	170
9	苏州市中南伟业知识产权代理事务所（普通合伙）	153
10	北京三高永信知识产权代理有限责任公司	142

　　从代理机构数据可以看出，前十位代理机构中，苏州市本土服务机构占据了 40%。其中，苏州创元专利商标事务所有限公司以 811 件专利代理位居第一；北京品源专利代理有限公司和苏州威世朋知识产权代理事务所（普通合伙）以 343 件专利代理并列位居第二。

第3章
集成电路产业链专利分析

3.1　产业链全球整体专利布局分析

　　本节主要针对之前产业节点分类体系的产业一级分类分析，细化到二级产业分类节点，并统计各个节点上发明专利的数量，进而对全球集成电路产业的整体专利技术布局进行分析，以介绍全产业链细分节点的专利布局情况，为苏州市下一步产业规划提供数据支撑。

3.1.1　全球及中美日欧韩各专利局专利数量对比

　　在第 2 章中提到的数据检索式下，这里引用的全球各专利局专利数量的数据范围是能检索到的各国自有专利数据以来的全量发明专利数据，涉及数据库收录的 166 个国家、地区和组织。中国专利局专利数量的数据范围是中国专利局自 1985 年以来的全量发明专利数据。美日欧韩专利局专利数量的数据范围是各国专利局自有专利数据以来的全量发明专利数据。据检索统计，全球及中美日欧韩各专利局集成电路产业链专利数量对比见表 3-1。中美日欧韩的全球占比数据＝各专利局的发明专利数量/全球专利总量。

表 3-1　全球及中美日欧韩各专利局集成电路产业链专利数量对比

产业位置	产业一级分类	产业二级分类	中美日韩欧全球占比
上游	IC 设计	EDA 软件	韩国，3.7%　日本，13.9%　欧洲，3.8%　中国，29.9%　美国，34.2%　其他，14.5%
		芯片设计	韩国，10.6%　日本，28.6%　中国，17.4%　欧洲，4.5%　其他，18.3%　美国，20.6%
	材料/化学品	硅晶圆	韩国，7.9%　日本，24.0%　中国，23.3%　欧洲，5.7%　其他，28.1%　美国，11.0%
		靶材	韩国，9.6%　日本，25.1%　中国，25.2%　欧洲，6.4%　其他，23.7%　美国，10.0%

产业位置	产业一级分类	产业二级分类	中美日韩欧全球占比
上游	材料/化学品	抛光材料	韩国，9.4%　中国，17.2%　日本，25.8%　欧洲，7.1%　其他，26.1%　美国，14.4%
		光刻胶	韩国，15.2%　中国，22.5%　日本，25.9%　欧洲，5.3%　其他，15.7%　美国，15.4%
		湿电子化学品	韩国，13.5%　中国，20.4%　日本，22.0%　欧洲，7.4%　其他，25.2%　美国，11.5%
		电子特种气体	韩国，10.7%　中国，21.6%　日本，20.9%　欧洲，8.8%　其他，26.0%　美国，12.0%
		掩模版	韩国，17.6%　中国，14.3%　日本，28.5%　欧洲，3.8%　其他，15.6%　美国，20.2%

续表

产业位置	产业一级分类	产业二级分类	中美日韩欧全球占比
上游	掩模版	封装材料	韩国，10.7%　日本，36.5%　中国，19.6%　美国，6.7%　欧洲，5.1%　其他，21.4%
	制造设备	氧化炉	韩国，8.1%　日本，33.9%　中国，33.4%　欧洲，3.4%　美国，7.1%　其他，14.1%
		CVD/PVD	韩国，10.6%　日本，38.4%　中国，17.5%　欧洲，4.8%　美国，9.9%　其他，18.8%
		光刻机	韩国，10.2%　日本，39.0%　中国，11.2%　欧洲，4.8%　美国，17.3%　其他，17.5%
		涂胶/显影设备	韩国，10.2%　日本，39.0%　中国，11.2%　欧洲，4.8%　美国，17.3%　其他，17.5%

产业位置	产业一级分类	产业二级分类	中美日韩欧全球占比
上游	制造设备	刻蚀机	韩国，24.0% 日本，33.9% 中国，13.7% 欧洲，2.7% 其他，13.9% 美国，11.8%
		离子注入机	韩国，19.4% 日本，39.8% 中国，11.9% 其他，11.5% 欧洲，3.5% 美国，13.9%
		抛光设备	韩国，17.2% 日本，27.6% 中国，20.3% 欧洲，4.0% 其他，17.9% 美国，13.0%
		清洗设备	韩国，18.6% 日本，28.0% 欧洲，2.6% 中国，26.3% 美国，9.7% 其他，14.8%
		研磨机	韩国，15.2% 日本，34.7% 中国，20.4% 欧洲，3.1% 其他，16.3% 美国，10.3%

续表

产业位置	产业一级分类	产业二级分类	中美日韩欧全球占比
上游	制造设备	切割机	韩国, 8.5%；中国, 33.4%；日本, 32.7%；欧洲, 2.8%；美国, 5.4%；其他, 17.2%
		封装设备	韩国, 9.1%；中国, 23.1%；日本, 26.9%；欧洲, 4.6%；美国, 16.0%；其他, 20.3%
		测试设备	韩国, 9.1%；中国, 23.1%；日本, 26.9%；欧洲, 4.6%；美国, 16.0%；其他, 20.3%
中游	晶圆制造	制造工艺	韩国, 16.1%；中国, 17.4%；日本, 28.5%；欧洲, 3.4%；美国, 17.2%；其他, 17.4%
	封装测试	封装工艺	韩国, 10.1%；中国, 26.6%；日本, 19.4%；欧洲, 4.1%；美国, 19.9%；其他, 19.9%

产业位置	产业一级分类	产业二级分类	中美日韩欧全球占比
中游	封装测试	测试工艺	韩国, 18.8%　日本, 32.3%　中国, 15.3%　欧洲, 3.6%　美国, 11.5%　其他, 18.5%

由表 3-1 可得出如下结论：

（1）日本专利局对于集成电路的专利布局数量超过了中国、美国、韩国与欧洲，在 25 个产业细分节点中，日本有 20 个细分节点的专利数量位居全球第一，远远超过其他国家/地区在集成电路领域的专利布局数量，是全球集成电路企业进行专利布局的重点国家。

（2）中国专利局在 25 个产业细分节点中，有 4 个细分节点（硅晶圆、电子特种气体、切割机以及封装工艺）的专利数据位居全球第一，可见虽然中国集成电路领域市场起步不久，但是已经开始受到技术竞争型公司的重视，未来也将会是本土及海外公司布局的重点地区。

（3）美国专利局在 25 个产业细分节点上除了牢牢掌控 EDA 软件这个核心产业节点并保持全球第一地位，其他节点专利布局数量表现平平。

（4）当然，除了专利布局数量，从时间维度、专利质量维度上看，中国相较其他国家专利局仍然存在较大差距，毕竟美日欧韩在集成电路产业上的历史积累较早，不是中国一朝一夕能够超越的。

中美日欧韩五局集成电路产业链专利分布情况见表 3-2。

表 3-2　中美日欧韩五局集成电路产业链专利分布对比分析

产业位置	产业一级分类	产业二级分类	全球各局专利总量/件	中国专利局数量/件	美国专利局数量/件	日本专利局数量/件	欧洲专利局数量/件	韩国专利局数量/件
上游	IC 设计	EDA 软件	9687	2893	3311	1348	371	362
		芯片设计	427477	74231	88230	122121	19222	45151

产业位置	产业一级分类	产业二级分类	全球各局专利总量/件	中国专利局数量/件	美国专利局数量/件	日本专利局数量/件	欧洲专利局数量/件	韩国专利局数量/件
上游	材料/化学品	硅晶圆	69348	19496	7636	16663	3974	5449
		靶材	23462	5549	2357	5891	1504	2261
		抛光材料	41121	7054	5938	10602	2911	3875
		光刻胶	20522	3219	3160	5308	1092	3119
		湿电子化学品	26525	5413	3044	5833	1965	3581
		电子特种气体	3165	683	380	660	277	339
		掩模版	226714	32489	45759	64591	8586	39914
		封装材料	37790	7403	2516	13806	1938	4047
	制造设备	氧化炉	5960	1988	422	2019	203	482
		CVD/PVD	42936	7534	4249	16494	2040	4550
		光刻机	40311	4497	6978	15728	1922	4105
		涂胶/显影设备	137064	14758	17188	50685	3338	34054
		刻蚀机	11571	1580	1370	3709	314	2779
		离子注入机	61277	7265	8517	24380	2120	11860
		抛光设备	19217	3900	2502	5305	768	3296
		清洗设备	22242	5850	2152	6228	568	4145
		研磨机	16883	3446	1742	5858	515	2559
		切割机	8773	2927	471	2869	248	749
		封装设备	501174	115596	80031	134793	22983	45557
		测试设备	18966	4318	2545	5385	1034	2541
中游	晶圆制造	制造工艺	491087	85438	84368	140186	16457	79222
	封装测试	封装工艺	142643	37897	28378	27614	5812	14416
		测试工艺	54752	8397	6312	17677	1957	10277

中美日欧韩五局集成电路产业链专利分布占比情况见表3-3。

表3-3　中美日欧韩五局集成电路产业链专利分布占比对比分析

产业位置	产业一级分类	产业二级分类	中国专利局数量占比/%	美国专利局数量占比/%	日本专利局数量占比/%	欧洲专利局数量占比/%	韩国专利局数量占比/%
上游	IC设计	EDA软件	30	34	14	4	4
		芯片设计	17	21	29	4	11
	材料/化学品	硅晶圆	28	11	24	6	8
		靶材	24	10	25	6	10
		抛光材料	17	14	26	7	9
		光刻胶	16	15	26	5	15
		湿电子化学品	20	11	22	7	14
		电子特种气体	22	12	21	9	11
		掩模版	14	20	28	4	18
		封装材料	20	7	37	5	11
	制造设备	氧化炉	33	7	34	3	8
		CVD/PVD	18	10	38	5	11
		光刻机	11	17	39	5	10
		涂胶/显影设备	11	13	37	2	25
		刻蚀机	14	12	32	3	24
		离子注入机	12	14	40	3	19
		抛光设备	20	13	28	4	17
		清洗设备	26	10	28	3	19
		研磨机	20	10	35	3	15
		切割机	33	5	33	3	9
		封装设备	23	16	27	5	9
		测试设备	23	13	28	5	13
中游	晶圆制造	制造工艺	17	17	29	3	16
	封装测试	封装工艺	27	20	19	4	10
		测试工艺	15	12	32	4	19

3.1.2　中美日韩近十年全球专利布局对比

这里所引用的全球各专利局专利数量的数据范围，是在第 2 章中提到的数据检索式下检索到的申请人地址为中美日韩在 2014—2023 年已公开的发明专利申请量数据，涉及数据库收录的 166 个国家、地区和组织。

1. 近十年中美日韩发明专利布局情况

与上一小节从各个专利局角度分析不同，本小节主要从申请人归属的角度进行数据统计分析，进一步梳理各国集成电路产业链专利申请人的专利布局情况，见表 3-4。

表 3-4　近十年中美日韩集成电路产业链发明专利布局情况

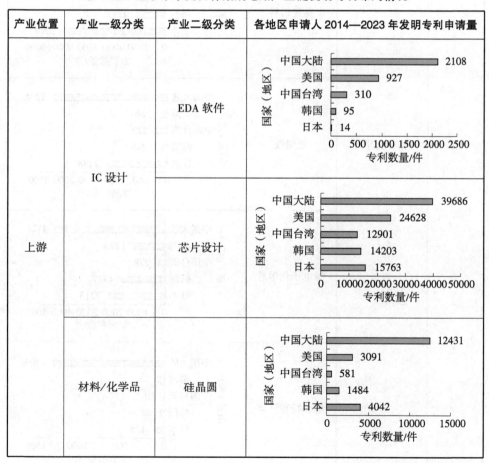

产业位置	产业一级分类	产业二级分类	各地区申请人 2014—2023 年发明专利申请量
上游	IC 设计	EDA 软件	中国大陆 2108；美国 927；中国台湾 310；韩国 95；日本 14
		芯片设计	中国大陆 39686；美国 24628；中国台湾 12901；韩国 14203；日本 15763
	材料/化学品	硅晶圆	中国大陆 12431；美国 3091；中国台湾 581；韩国 1484；日本 4042

续表

产业位置	产业一级分类	产业二级分类	各地区申请人 2014—2023 年发明专利申请量
上游	材料/化学品	靶材	中国大陆 3343；美国 790；中国台湾 99；韩国 633；日本 999
		抛光材料	中国大陆 7569；美国 1120；中国台湾 2183；韩国 2295；日本 8099
		光刻胶	中国大陆 2246；美国 166；中国台湾 222；韩国 248；日本 1188
		湿电子化学品	中国大陆 4324；美国 1225；中国台湾 278；韩国 1717；日本 2213
		电子特种气体	中国大陆 1309；美国 85；中国台湾 10；韩国 48；日本 125

续表

产业位置	产业一级分类	产业二级分类	各地区申请人 2014—2023 年发明专利申请量
上游	材料/化学品	掩模版	中国大陆 4133；美国 866；中国台湾 121；韩国 1151；日本 3456（专利数量/件，横轴 0～5000）
		封装材料	中国大陆 19732；美国 8053；中国台湾 6840；韩国 5041；日本 5238（专利数量/件，横轴 0～25000）
	制造设备	氧化炉	中国大陆 426；美国 203；中国台湾 13；韩国 82；日本 93（专利数量/件，横轴 0～500）
		CVD/PVD	中国大陆 2829；美国 1822；中国台湾 86；韩国 1261；日本 2151（专利数量/件，横轴 0～3000）
		光刻机	中国大陆 3981；美国 2302；中国台湾 218；韩国 1187；日本 2161（专利数量/件，横轴 0～5000）

续表

产业位置	产业一级分类	产业二级分类	各地区申请人 2014—2023 年发明专利申请量
上游	制造设备	涂胶/显影设备	中国大陆 1403, 美国 791, 中国台湾 388, 韩国 749, 日本 1354（专利数量/件）
		刻蚀机	中国大陆 905, 美国 346, 中国台湾 111, 韩国 240, 日本 958（专利数量/件）
		离子注入机	中国大陆 5138, 美国 2597, 中国台湾 681, 韩国 1753, 日本 3031（专利数量/件）
		抛光设备	中国大陆 27803, 美国 5810, 中国台湾 6368, 韩国 4448, 日本 3550（专利数量/件）
		清洗设备	中国大陆 50490, 美国 8977, 中国台湾 12728, 韩国 15978, 日本 35765（专利数量/件）

产业位置	产业一级分类	产业二级分类	各地区申请人 2014—2023 年发明专利申请量
上游	制造设备	研磨机	中国大陆 3375；美国 501；中国台湾 254；韩国 733；日本 216
		切割机	中国大陆 70133；美国 21426；中国台湾 10058；韩国 10058；日本 18847
		封装设备	中国大陆 2330；美国 125；中国台湾 61；韩国 208；日本 533
		测试设备	中国大陆 2345；美国 181；中国台湾 138；韩国 690；日本 1182
中游	晶圆制造	制造工艺	中国大陆 4723；美国 373；中国台湾 235；韩国 806；日本 1274

续表

产业位置	产业一级分类	产业二级分类	各地区申请人2014—2023年发明专利申请量
中游	封装测试	封装工艺	中国大陆 2572；美国 574；中国台湾 195；韩国 700；日本 1005（专利数量/件）
		测试工艺	中国大陆 5009；美国 960；中国台湾 557；韩国 986；日本 2307（专利数量/件）

由表3-4可得出以下结论：

（1）把集成电路产业的时间维度缩近到最近十年，也就是2014—2023年，进而对最新的产业专利布局情况进行更具意义的分析，可看出近期及未来在集成电路领域各国的专利竞争优势。

（2）从各个节点专利布局的数量来看，中国大陆申请人已经超过了日本，成为集成电路专利布局最多的地区，中国大陆申请人在25个产业细分节点上，有23个节点在近十年的专利布局中数量位居全球第一。

（3）日本申请人仅在2个细分节点（抛光材料、刻蚀机）上超过了中国。中国、美国、日本、韩国集成电路产业链专利数量见表3-5。

表3-5　中国、美国、日本、韩国集成电路产业链专利数量对比

产业位置	产业一级分类	产业二级分类	中国大陆专利数量/件	美国专利数量/件	中国台湾专利数量/件	日本专利数量/件	韩国专利数量/件
上游	IC设计	EDA软件	2108	927	310	14	95
		芯片设计	39686	24628	12901	15763	14203

续表

产业位置	产业一级分类	产业二级分类	中国大陆专利数量/件	美国专利数量/件	中国台湾专利数量/件	日本专利数量/件	韩国专利数量/件
上游	材料/化学品	硅晶圆	12431	3091	581	4042	1484
		靶材	3343	790	99	999	633
		抛光材料	3981	2302	218	2161	1187
		光刻胶	1403	791	388	1354	749
		湿电子化学品	2829	1822	86	2151	1261
		电子特种气体	426	203	13	93	82
		掩模版	19732	8053	6840	5238	5041
		封装材料	4133	866	121	3456	1151
	制造设备	氧化炉	1309	85	10	125	48
		CVD/PVD	4324	1225	278	2213	1717
		光刻机	2246	166	222	1188	248
		涂胶/显影设备	7569	1120	2183	8099	2295
		刻蚀机	905	346	111	958	240
		离子注入机	5009	960	557	2307	986
		抛光设备	2572	574	195	1005	700
		清洗设备	4723	373	235	1274	806
		研磨机	2345	181	138	1182	690
		切割机	2330	125	61	533	208
		封装设备	70133	21426	10058	18847	10058
		测试设备	3375	501	254	216	733
中游	晶圆制造	制造工艺	50490	8977	12728	35765	15978
	封装测试	封装工艺	27803	5810	6368	3550	4448
		测试工艺	5138	2597	681	3031	1753

2. 近十年中美日韩 PCT 专利布局

专利合作条约（Patent Cooperation Treaty，PCT）是一项国际专利申请制度，简化了申请人在多个国家或地区提交专利申请的过程。PCT 由联合国世界知识产权组织（WIPO）管理，通过统一的国际申请程序，允许发明人在一次申请中申请专利保护，并延长在选择性国家或地区内进一步深入审查和保护的时限。PCT还为申请人提供了更多的时间来评估其发明在商业上的可行性和市场潜力。

PCT专利相对于其他专利类型而言具有一定的价值，这是因为它在国际专利保护领域提供了一些独特的优势和机会。

（1）全球范围内的保护：PCT专利申请允许申请人在指定进入的多个国家或地区内获得保护，无须在每个国家单独提交申请。这使申请人能够通过一次性申请在许多国家中获得保护，节省了时间和资源。

（2）延长申请决定期限：通过PCT申请，申请人可以推迟在特定国家或地区继续申请的决定，延长审查期限。这为申请人提供了更多的时间来评估发明的商业价值，进行市场调研和准备进一步的专利策略。

（3）降低初始成本：虽然PCT申请本身需要费用，但相对于在多个国家单独申请专利而言，成本会更低。申请人可以在推迟在某些国家或地区进一步申请的决定之前，减少初始投资。

将美国、中国、韩国、日本集成电路产业链PCT专利进行分析，得到结果如表3-6所示。中国申请人在集成电路领域PCT布局中有7个节点位居全球第一，分别是掩模版、氧化炉、离子注入机、切割机、封装设备、测试设备、封装工艺。日本申请人在15个节点上位居全球第一，分别是硅晶圆、靶材、抛光材料、光刻胶、湿电子化学品、封装材料、CVD/PVD、光刻机、涂胶/显影设备、刻蚀机、抛光设备、清洗设备、研磨机、制造工艺、测试工艺。美国申请人在3个节点上位居全球第一，分别是EDA软件、芯片设计以及电子特种气体。

表3-6　重点国家集成电路产业链专利情况对比表

产业位置	产业一级分类	产业二级分类	中国申请人PCT专利数量/件	美国申请人PCT专利数量/件	日本申请人PCT专利数量/件	韩国申请人PCT专利数量/件
上游	IC设计	EDA软件	62	90	3	2
		芯片设计	2422	3436	2716	462
	材料/化学品	硅晶圆	291	498	617	108
		靶材	74	133	236	54
		抛光材料	112	352	426	87

续表

产业位置	产业一级分类	产业二级分类	中国申请人PCT专利数量/件	美国申请人PCT专利数量/件	日本申请人PCT专利数量/件	韩国申请人PCT专利数量/件
上游	材料/化学品	光刻胶	78	96	215	53
		湿电子化学品	134	294	401	85
		电子特种气体	11	41	25	10
		掩模版	1425	1151	795	151
		封装材料	150	162	689	133
	制造设备	氧化炉	26	18	25	4
		CVD/PVD	286	249	441	117
		光刻机	141	28	164	15
		涂胶/显影设备	549	188	1398	64
		刻蚀机	44	64	118	21
		离子注入机	413	180	368	44
		抛光设备	66	41	127	29
		清洗设备	120	59	212	39
		研磨机	39	21	149	31
		切割机	32	17	31	8
		封装设备	3747	2705	3466	674
		测试设备	121	71	30	51
中游	晶圆制造	制造工艺	3315	1233	5404	849
	封装测试	封装工艺	1999	660	658	208
		测试工艺	310	568	585	83

3.1.3 国内产业链专利布局总体情况分析

1. 产业链发展时间路径

对 2013—2022 年度在各个产业节点上的数据分布进行统计，计算各个技术节点专利分布数量的占比情况，得到产业链发展的时间路径，如图 3-1 所示。

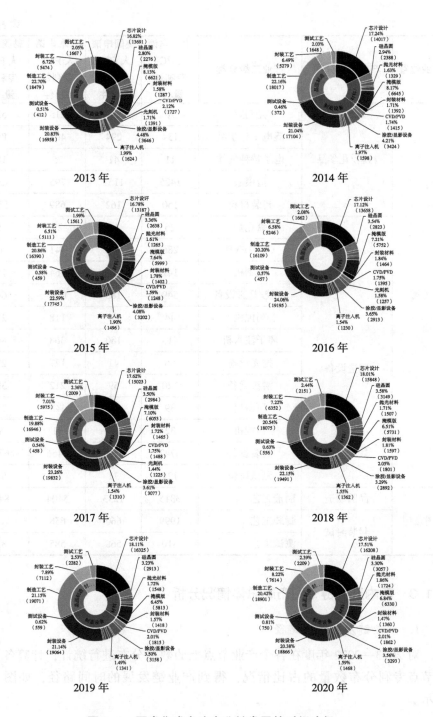

图 3-1 国内集成电路产业链发展的时间路径

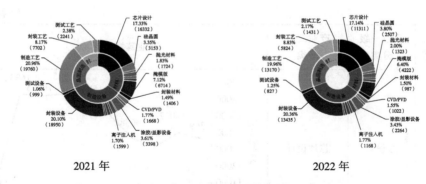

2021 年　　　　　　　　　　　　　　　2022 年

图 3-1　国内集成电路产业链发展的时间路径（续）

注：图中括号内数据指产业链各节点的专利数量（单位：件）。

由图 3-1 的数据可得出以下结论：

（1）芯片设计、封装设备、制造工艺三大产业链环节，是近十年来专利布局的主要产业技术方向，三者专利布局总量占据每年专利申请量的 50% 以上。

（2）上游在一级分类中的材料/化学品与制造设备环节，二级分类相对分散，占比也较少，这与集成电路制造集中为 IDM 生产模式密切相关。由于生产的集中，生产设备的制造商下游客户相对也比较集中，导致竞争不充分。

对各个产业二级分类的专利按照时间维度进行统计分析，计算各个技术节点近十年的发展趋势，得到产业链发展的趋势变化，见表 3-7。

表 3-7　国内集成电路产业链发展的趋势变化

产业位置	产业一级分类	产业二级分类	产业链发展趋势
上游	IC 设计	EDA 软件	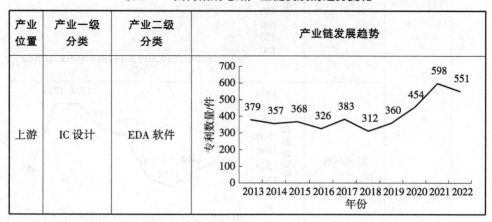

续表

产业位置	产业一级分类	产业二级分类	产业链发展趋势
上游	IC 设计	芯片设计	
	材料/化学品	硅晶圆	
		靶材	
		抛光材料	

续表

产业位置	产业一级分类	产业二级分类	产业链发展趋势
上游	材料/化学品	光刻胶	
		湿电子化学品	
		电子特种气体	
		掩模版	

产业位置	产业一级分类	产业二级分类	产业链发展趋势
上游	材料/化学品	封装材料	专利数量趋势：2013年1287，2014年1392，2015年1402，2016年1464，2017年1465，2018年1597，2019年1418，2020年1360，2021年1406，2022年987
	制造设备	氧化炉	专利数量趋势：2013年212，2014年169，2015年129，2016年176，2017年151，2018年199，2019年211，2020年258，2021年244，2022年190
		CVD/PVD	专利数量趋势：2013年1727，2014年1415，2015年1248，2016年1395，2017年1488，2018年1801，2019年1815，2020年1862，2021年1668，2022年1022
		光刻机	专利数量趋势：2013年1391，2014年1081，2015年1166，2016年1257，2017年1225，2018年1135，2019年1024，2020年1171，2021年961，2022年604

续表

产业位置	产业一级分类	产业二级分类	产业链发展趋势
上游	制造设备	涂胶/显影设备	专利数量/件（2013—2022 年份）：2013: 3646，2014: 3424，2015: 3202，2016: 2913，2017: 3077，2018: 2892，2019: 3158，2020: 3293，2021: 3398，2022: 2264
		刻蚀机	专利数量/件（2013—2022 年份）：2013: 310，2014: 321，2015: 288，2016: 275，2017: 297，2018: 373，2019: 450，2020: 466，2021: 434，2022: 279
		离子注入机	专利数量/件（2013—2022 年份）：2013: 1624，2014: 1598，2015: 1496，2016: 1230，2017: 1310，2018: 1362，2019: 1341，2020: 1468，2021: 1599，2022: 1168
		抛光设备	专利数量/件（2013—2022 年份）：2013: 457，2014: 541，2015: 583，2016: 528，2017: 556，2018: 588，2019: 747，2020: 867，2021: 820，2022: 702

产业位置	产业一级分类	产业二级分类	产业链发展趋势
上游	制造设备	清洗设备	
		研磨机	
		切割机	
		封装设备	

续表

产业 位置	产业一级 分类	产业二级 分类	产业链发展趋势
上游	制造设备	测试设备	
中游	晶圆制造	制造工艺	
	封装测试	封装工艺	
		测试工艺	

由表 3-7 得出以下结论：

（1）从趋势数据统计来看，各个产业环节的专利申请趋势整体处于增长态势。具体而言，有 14 个产业环节处于增长阶段，7 个产业环节处于平稳发展阶段，4 个产业环节处于波动下行阶段。

（2）处于专利申请增长阶段的产业环节有 EDA 软件、芯片设计、硅晶圆、抛光材料、光刻胶、氧化炉、刻蚀机、抛光设备、清洗设备、研磨机、切割机、测试设备、封装工艺、测试工艺。

（3）处理专利申请平稳发展阶段的产业环节有靶材、湿电子化学品、封装材料、CVD/PVD、离子注入机、封装设备、制造工艺。

（4）处于专利申请波动下行阶段的产业环节有电子特种气体、掩模版、光刻机、涂胶/显影设备。

2. 苏州市产业链布局分析

针对产业二级分类，对全国各地市近十年（2014—2023 年）的发明专利进行数据统计分析，进一步挖掘各个地区在集成电路细分产业方向的专利布局态势，明确苏州市在各个产业链节点上专利布局的位置，分析其产业优劣势方向，为下一步产业发展及产业政策制定提供决策支持。

（1）苏州市各个产业环节专利数量分析

根据统计，苏州市在全部上下游的各个细分节点的专利布局数量均进入前十的位置，整体实力位居全国前列。

专利布局数量排名第一的产业环节：切割机。

专利布局数量排名第三的产业环节：硅晶圆、抛光材料、光刻胶、清洗设备、制造工艺。

专利布局数量排名第四的产业环节：靶材、湿电子化学品、封装材料、CVD/PVD、光刻机、刻蚀机、研磨机、封装设备、测试设备。

专利布局数量排名第五的产业环节：芯片设计、电子特种气体、氧化炉、封装工艺。

专利布局数量排名第六的产业环节：掩模版、涂胶/显影设备、离子注入机、抛光设备、测试工艺。

专利布局数量排名第九的产业环节：EDA 软件。

具体情况见表 3-8。

表 3-8　苏州市各个产业环节专利数量

产业位置	产业一级分类	产业二级分类	全国产业链专利布局情况
上游	IC 设计	EDA 软件	
		芯片设计	
	材料/化学品	硅晶圆	
		靶材	

续表

产业位置	产业一级分类	产业二级分类	全国产业链专利布局情况
上游	材料/化学品	抛光材料	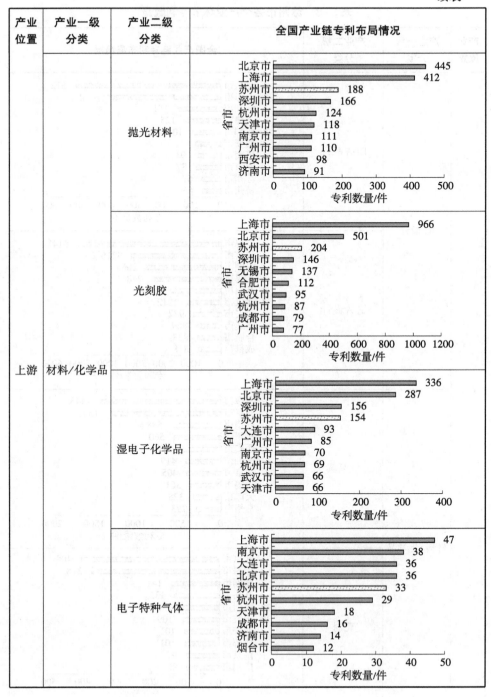
		光刻胶	
		湿电子化学品	
		电子特种气体	

续表

产业位置	产业一级分类	产业二级分类	全国产业链专利布局情况
上游	材料/化学品	掩模版	上海市 5950；北京市 2365；合肥市 1008；武汉市 700；深圳市 651；苏州市 526；无锡市 499；广州市 314；西安市 303；成都市 279（专利数量/件）
		封装材料	北京市 225；深圳市 180；上海市 177；苏州市 128；广州市 92；南京市 64；杭州市 60；武汉市 58；无锡市 53；烟台市 52（专利数量/件）
	制造设备	氧化炉	北京市 185；上海市 138；青岛市 73；西安市 66；苏州市 64；无锡市 62；济南市 50；南京市 45；广州市 45；常州市 44（专利数量/件）
		CVD/PVD	北京市 796；上海市 418；深圳市 295；苏州市 218；无锡市 167；武汉市 153；沈阳市 133；长沙市 109；合肥市 105；成都市 102（专利数量/件）

产业位置	产业一级分类	产业二级分类	全国产业链专利布局情况
上游	制造设备	光刻机	上海市 845 北京市 198 合肥市 169 苏州市 136 深圳市 130 东莞市 94 成都市 90 杭州市 80 无锡市 58 武汉市 50 （专利数量/件）
		涂胶/显影设备	北京市 633 上海市 190 深圳市 137 合肥市 120 武汉市 71 苏州市 59 沈阳市 40 无锡市 29 成都市 25 广州市 23 （专利数量/件）
		刻蚀机	上海市 165 北京市 116 武汉市 60 苏州市 53 深圳市 52 无锡市 35 合肥市 33 广州市 21 西安市 12 嘉兴市 11 （专利数量/件）
		离子注入机	北京市 493 上海市 405 广州市 200 深圳市 148 武汉市 65 苏州市 58 成都市 32 合肥市 31 长沙市 31 杭州市 30 （专利数量/件）

产业位置	产业一级分类	产业二级分类	全国产业链专利布局情况
上游	制造设备	抛光设备	上海市 464；北京市 205；天津市 82；西安市 48；无锡市 43；苏州市 40；武汉市 35；青岛市 32；杭州市 31；合肥市 31（专利数量/件，横轴0~500）
		清洗设备	北京市 231；上海市 193；苏州市 120；无锡市 71；深圳市 54；杭州市 48；合肥市 40；武汉市 38；西安市 34；天津市 33（专利数量/件，横轴0~250）
		研磨机	上海市 264；北京市 74；武汉市 33；苏州市 32；无锡市 32；青岛市 29；合肥市 25；西安市 24；天津市 16；深圳市 12（专利数量/件，横轴0~300）
		切割机	苏州市 77；上海市 46；深圳市 44；青岛市 25；无锡市 25；嘉兴市 22；镇江市 22；西安市 17；北京市 16；南京市 15；广州市 13（专利数量/件，横轴0~100）

续表

产业位置	产业一级分类	产业二级分类	全国产业链专利布局情况
上游	制造设备	封装设备	
		测试设备	
中游	晶圆制造	制造工艺	
	封装测试	封装工艺	

续表

产业位置	产业一级分类	产业二级分类	全国产业链专利布局情况
中游	封装测试	测试工艺	

（2）苏州市各个产业环节专利布局企业数量分析

对全国各个产业节点专利布局企业总体数量与苏州市各个产业节点专利布局企业数量进行统计，得到企业数量以及苏州市企业占比数据见表3-9。

表3-9　苏州市各个产业环节专利布局企业数量分析

产业位置	产业一级分类	产业二级分类	国内专利布局企业数量/个	苏州市专利布局企业数量/个	苏州市占比/%
上游	IC 设计	EDA 软件	352	11	3.10
		芯片设计	15414	1039	6.70
	材料/化学品	硅晶圆	486	47	9.70
		靶材	470	29	6.20
		抛光材料	1261	95	7.50
		光刻胶	483	27	5.60
		湿电子化学品	526	40	7.60
		电子特种气体	198	7	3.50
		掩模版	277	25	9.00
		封装材料	1111	83	7.50
	制造设备	氧化炉	669	35	5.20
		CVD/PVD	1942	152	7.80
		光刻机	475	49	10.30

上面:

续表

产业位置	产业一级分类	产业二级分类	国内专利布局企业数量/个	苏州市专利布局企业数量/个	苏州市占比/%
上游	制造设备	涂胶/显影设备	1040	80	7.70
		刻蚀机	727	69	9.50
		离子注入机	223	9	4.00
		CMP 抛光设备	512	31	6.10
		清洗设备	1276	149	11.70
		研磨机	417	31	7.40
		切割机	925	111	12.00
		封装设备	2834	173	6.10
		测试设备	3350	302	9.00
中游	晶圆制造	制造工艺	2290	294	12.80
	封装测试	封装工艺	8013	552	6.90
		测试工艺	1114	100	9.00
下游		笔记本电脑	7513	666	8.90
		智能电视	850	36	4.20
		平板电脑	1731	103	6.00
		手机终端	21604	1048	4.90
		车载系统	4375	191	4.40
		可穿戴设备	3553	160	4.50

根据表 3-9 的数据，从申请人数量来看，苏州市在清洗设备、切割机以及制造工艺产业环节专利布局的企业数量相对较多，在全国的占比较高；在 EDA 软件、电子特种气体产业环节，专利布局的企业数量较少，在全国的占比较低。在科技创新型企业的招商引资与招才引智方面，可以重点加强一下对基础工业软件以及特殊耗材方面的倾斜。

（3）产业链重点申请人分析

对全量样本数据从申请人或专利权人的角度进行统计分析，从企业与大学研究院所两个维度，结合地市信息进行统计，基于发明专利申请量等综合信息，筛选出各个产业链节点的重点产学研申请人数据，具体数据见表 3-10。

表 3-10　产业链重点申请人数据

产业链节点		创新主体类型	名称	所在地市
上游	IC 设计			
		EDA		
			企业	北京华大九天软件有限公司	北京市
			海光信息技术股份有限公司	天津市
			山东云海国创云计算装备产业创新中心有限公司	济南市
			睿芯科技（上海）有限公司	上海市
			上海国微思尔芯技术股份有限公司	上海市
		大专院校科研单位	中国科学院微电子研究所	北京市
			复旦大学	上海市
			清华大学	北京市
			西安电子科技大学	西安市
			天津大学	天津市
	芯片设计	企业	中芯国际集成电路制造（上海）有限公司	上海市
			江苏长电科技股份有限公司	无锡市
			京东方科技集团股份有限公司	北京市
			上海华虹宏力半导体制造有限公司	上海市
			上海华力微电子有限公司	上海市
		大专院校科研单位	中国科学院微电子研究所	北京市
			北京大学	北京市
			电子科技大学	成都市
			复旦大学	上海市
			西安电子科技大学	西安市
	材料/化学品	硅晶圆	企业	北京北方华创微电子装备有限公司	北京市
			中芯国际集成电路制造（上海）有限公司	上海市
			安集微电子（上海）有限公司	上海市
			北京北方微电子基地设备工艺研究中心有限责任公司	北京市
			上海华力微电子有限公司	上海市
		大专院校科研单位	浙江大学	杭州市
			清华大学	北京市

产业链节点			创新主体类型	名称	所在地市
上游	材料/化学品	硅晶圆	大专院校科研单位	上海交通大学	上海市
				哈尔滨工业大学	哈尔滨市
				复旦大学	上海市
		靶材	企业	北京北方华创微电子装备有限公司	北京市
				宁波江丰电子材料股份有限公司	宁波市
				上海博德基因开发有限公司	上海市
				四川华索自动化信息工程有限公司	成都市
				上海新阳半导体材料股份有限公司	上海市
			大专院校科研单位	吉林大学	长春市
				浙江大学	杭州市
				北京科技大学	北京市
				复旦大学	上海市
				上海交通大学	上海市
		抛光材料	企业	宁波江丰电子材料股份有限公司	宁波市
				安集微电子（上海）有限公司	上海市
				山东天岳先进材料科技有限公司	济南市
				西安奕斯伟硅片技术有限公司	西安市
				中芯国际集成电路制造（上海）有限公司	上海市
			大专院校科研单位	清华大学	北京市
				北京科技大学	北京市
				中国科学院上海微系统与信息技术研究所	上海市
				吉林大学	长春市
				浙江工业大学	杭州市
		光刻胶	企业	上海芯刻微材料技术有限责任公司	上海市
				宁波南大光电材料有限公司	宁波市
				上海新阳半导体材料股份有限公司	上海市
				上海华力集成电路制造有限公司	上海市
				无锡华润上华科技有限公司	无锡市

续表

产业链节点			创新主体类型	名称	所在地市
上游	材料/化学品	光刻胶	大专院校科研单位	中国科学院微电子研究所	北京市
				清华大学	北京市
				中国科学院上海光学精密机械研究所	上海市
				中国科学院光电技术研究所	成都市
				上海交通大学	上海市
		湿电子化学品	企业	上海新阳半导体材料股份有限公司	上海市
				安集微电子（上海）有限公司	上海市
				广州慧谷化学有限公司	广州市
				安集微电子科技（上海）股份有限公司	上海市
				江阴润玛电子材料股份有限公司	无锡市
			大专院校科研单位	中国科学院大连化学物理研究所	大连市
				中国科学院上海微系统与信息技术研究所	上海市
				清华大学	北京市
				中国科学院化学研究所	北京市
				东南大学	南京市
		电子特种气体	企业	苏州金宏气体股份有限公司	苏州市
				中国石油化工股份有限公司	北京市
				中国恩菲工程技术有限公司	北京市
				天津绿菱气体有限公司	天津市
				天津市泰亨气体有限公司	天津市
			大专院校科研单位	天津大学	天津市
				中国科学院大连化学物理研究所	大连市
				浙江大学	杭州市
				中国科学院福建物质结构研究所	福州市
				云南民族大学	昆明市
		掩模版	企业	中芯国际集成电路制造（上海）有限公司	上海市
				长鑫存储技术有限公司	合肥市
				上海华力微电子有限公司	上海市
				上海华虹宏力半导体制造有限公司	上海市
				京东方科技集团股份有限公司	北京市

续表

产业链节点		创新主体类型	名称	所在地市
上游	材料/化学品			
		大专院校科研单位	中国科学院微电子研究所	北京市
			西安电子科技大学	西安市
			北京大学	北京市
			电子科技大学	成都市
			中国科学院半导体研究所	北京市
		企业	武汉市三选科技有限公司	武汉市
			烟台德邦科技有限公司	烟台市
			苏州生益科技有限公司	苏州市
			烟台德邦科技股份有限公司	烟台市
			广东生益科技股份有限公司	东莞市
		大专院校科研单位	深圳先进电子材料国际创新研究院	深圳市
			中国科学院化学研究所	北京市
			中国科学院深圳先进技术研究院	深圳市
			华南理工大学	广州市
			中国科学院大连化学物理研究所	大连市
	制造设备	企业	中芯国际集成电路制造（上海）有限公司	上海市
			北京七星华创电子股份有限公司	北京市
			柳州三木科技有限公司	柳州市
			广州南科集成电子有限公司	广州市
			山东力诺太阳能电力股份有限公司	济南市
		大专院校科研单位	浙江大学	杭州市
			清华大学	北京市
			北京工业大学	北京市
			山东建筑大学	济南市
			西安电子科技大学	西安市
		企业	北京北方微电子基地设备工艺研究中心有限责任公司	北京市
			北京北方华创微电子装备有限公司	北京市
			京东方科技集团股份有限公司	北京市

注：掩模版 行跨大专院校科研单位，封装材料 行跨企业与大专院校科研单位，氧化炉 行跨企业与大专院校科研单位，CVD/PVD 行跨企业。

续表

产业链节点			创新主体类型	名称	所在地市
上游	制造设备	CVD/PVD	企业	中微半导体设备（上海）有限公司	上海市
				湖南红太阳光电科技有限公司	长沙市
			大专院校科研单位	中国科学院半导体研究所	北京市
				中国科学院微电子研究所	北京市
				华中科技大学	武汉市
				中国电子科技集团公司第四十八研究所	长沙市
				北京师范大学	北京市
		光刻机	企业	上海微电子装备（集团）股份有限公司	上海市
				上海华力微电子有限公司	上海市
				京东方科技集团股份有限公司	北京市
				合肥芯碁微电子装备有限公司	合肥市
				上海微高精密机械工程有限公司	上海市
			大专院校科研单位	中国科学院光电技术研究所	成都市
				中国科学院上海光学精密机械研究所	上海市
				清华大学	北京市
				浙江大学	杭州市
				哈尔滨工业大学	哈尔滨市
		涂胶/显影设备	企业	北京京东方光电科技有限公司	北京市
				合肥鑫晟光电科技有限公司	合肥市
				深圳市华星光电技术有限公司	深圳市
				武汉华星光电技术有限公司	武汉市
				中芯国际集成电路制造（上海）有限公司	上海市
			大专院校科研单位	中国科学院微电子研究所	北京市
				长春工业大学	长春市
				中国科学院上海光学精密机械研究所	上海市
				中国科学院光电技术研究所	成都市
				中国科学院长春光学精密机械与物理研究所	长春市

续表

产业链节点			创新主体类型	名称	所在地市
上游	制造设备	刻蚀机	企业	北京北方微电子基地设备工艺研究中心有限责任公司	北京市
				上海华力微电子有限公司	上海市
				中芯国际集成电路制造（上海）有限公司	上海市
				深圳市华星光电技术有限公司	深圳市
				中微半导体设备（上海）有限公司	上海市
			大专院校科研单位	中国科学院微电子研究所	北京市
				中国电子科技集团公司第十三研究所	石家庄市
				上海大学	上海市
				武汉大学	武汉市
				中国科学技术大学	合肥市
		离子注入机	企业	中芯国际集成电路制造（上海）有限公司	上海市
				京东方科技集团股份有限公司	北京市
				广州华睿光电材料有限公司	广州市
				北京中科信电子装备有限公司	北京市
				上海华力微电子有限公司	上海市
			大专院校科研单位	中国科学院微电子研究所	北京市
				中国电子科技集团公司第四十八研究所	长沙市
				清华大学	北京市
				电子科技大学	成都市
				中国科学院上海微系统与信息技术研究所	上海市
		抛光设备	企业	中芯国际集成电路制造（上海）有限公司	上海市
				安集微电子（上海）有限公司	上海市
				上海华力微电子有限公司	上海市
				华海清科股份有限公司	天津市
				西安奕斯伟硅片技术有限公司	西安市
			大专院校科研单位	清华大学	北京市
				中国科学院微电子研究所	北京市
				大连理工大学	大连市

续表

产业链节点			创新主体类型	名称	所在地市
上游	制造设备	抛光设备	大专院校科研单位	北京半导体专用设备研究所（中国电子科技集团公司第四十五研究所）	北京市
				河北工业大学	天津市
		清洗设备	企业	北京北方华创微电子装备有限公司	北京市
				智程半导体设备科技（昆山）有限公司	苏州市
				上海华力微电子有限公司	上海市
				中芯国际集成电路制造（上海）有限公司	上海市
				杭州云蜂工业设计有限公司	杭州市
			大专院校科研单位	中国科学院微电子研究所	北京市
				北京半导体专用设备研究所（中国电子科技集团公司第四十五研究所）	北京市
				清华大学	北京市
				河北工业大学	天津市
		研磨机	企业	中芯国际集成电路制造（上海）有限公司	上海市
				上海华力微电子有限公司	上海市
				长江存储科技有限责任公司	武汉市
				上海宏力半导体制造有限公司	上海市
				西安奕斯伟硅片技术有限公司	西安市
			大专院校科研单位	中国科学院微电子研究所	北京市
				青岛大学	青岛市
				清华大学	北京市
				中国电子科技集团公司第四十五研究所	北京市
				北京航空航天大学	北京市
		切割机	企业	青岛高测科技股份有限公司	青岛市
				浙江辉弘光电能源有限公司	嘉兴市
				江苏京创先进电子科技有限公司	苏州市
				苏州德龙激光有限公司	苏州市
				镇江市港南电子有限公司	镇江市

续表

产业链节点			创新主体类型	名称	所在地市
上游	制造设备	切割机	大专院校科研单位	上海市激光技术研究所	上海市
				华南理工大学广州学院	广州市
				常州机电职业技术学院	常州市
				上海大学（浙江·嘉兴）新兴产业研究院	嘉兴市
				北京半导体专用设备研究所（中国电子科技集团公司第四十五研究所）	北京市
		封装设备	企业	江苏长电科技股份有限公司	无锡市
				京东方科技集团股份有限公司	北京市
				鸿海精密工业股份有限公司	深圳市
				广东汇芯半导体有限公司	佛山市
				长鑫存储技术有限公司	合肥市
			大专院校科研单位	浙江大学	杭州市
				杭州电子科技大学	杭州市
				中国科学院微电子研究所	北京市
				电子科技大学	成都市
				华南理工大学	广州市
		测试设备	企业	上海华岭集成电路技术股份有限公司	上海市
				长鑫存储技术有限公司	合肥市
				上海华虹宏力半导体制造有限公司	上海市
				苏州联讯仪器有限公司	苏州市
				长江存储科技有限责任公司	武汉市
			大专院校科研单位	清华大学	北京市
				中国科学院微电子研究所	北京市
				中国科学院半导体研究所	北京市
				南京理工大学	南京市
				电子科技大学	成都市
中游	晶圆制造	制造工艺	企业	中芯国际集成电路制造（上海）有限公司	上海市
				上海华力微电子有限公司	上海市
				长江存储科技有限责任公司	武汉市

续表

产业链节点		创新主体类型	名称	所在地市
中游	晶圆制造	制造工艺 企业	上海华虹宏力半导体制造有限公司	上海市
			北京北方华创微电子装备有限公司	北京市
		大专院校科研单位	中国科学院微电子研究所	北京市
			电子科技大学	成都市
			中国科学院半导体研究所	北京市
			中国科学院上海微系统与信息技术研究所	上海市
			北京大学	北京市
	封装测试	封装工艺 企业	武汉华星光电半导体显示技术有限公司	武汉市
			华进半导体封装先导技术研发中心有限公司	无锡市
			江苏长电科技股份有限公司	无锡市
			华为技术有限公司	深圳市
			中芯长电半导体（江阴）有限公司	无锡市
		大专院校科研单位	中国科学院半导体研究所	北京市
			中国科学院微电子研究所	北京市
			电子科技大学	成都市
			中国科学院上海微系统与信息技术研究所	上海市
			清华大学	北京市
		测试工艺 企业	中芯国际集成电路制造（上海）有限公司	上海市
			上海华力微电子有限公司	上海市
			长江存储科技有限责任公司	武汉市
			京东方科技集团股份有限公司	北京市
			上海华虹宏力半导体制造有限公司	上海市
		大专院校科研单位	中国科学院微电子研究所	北京市
			清华大学	北京市
			北京大学	北京市
			西安电子科技大学	西安市
			中国科学院上海微系统与信息技术研究所	上海市

3.2 集成电路产业国内重点企业专利分析

3.2.1 全国产业链重点企业及其专利情况

（1）EDA：北京华大九天科技股份有限公司

①公司介绍。北京华大九天科技股份有限公司（简称华大九天）成立于2009年，一直聚焦于EDA工具的开发、销售及相关服务业务，致力于成为全流程、全领域、全球领先的EDA提供商。

华大九天的主要产品集中在EDA工具等软件上，并围绕相关领域提供技术开发服务。产品和服务主要应用于集成电路设计、制造及封装领域。

华大九天总部位于北京，在南京、上海、成都和深圳设有全资子公司。

②主营产品主要包括模拟电路设计全流程EDA工具系统、射频电路设计EDA工具、数字电路设计EDA工具、平板显示电路设计全流程EDA工具系统、晶圆制造EDA工具、先进封装设计EDA工具等。

③专利情况。经检索，该公司相关专利具体情况如下：

在专利布局总体方面，共公开101件专利，其中发明授权专利37件；

在专利有效性方面，有效专利74件，失效专利56件，审中专利5件；

在专利技术功效方面，提高设计效率的专利占比17.04%，缩短设计周期的专利占比5.19%；

在申请时间方面，2012年的专利占比9.63%，2013年的专利占比20%，2015年的专利占比23.70%。

（2）靶材、抛光材料：宁波江丰电子材料股份有限公司

①公司介绍。宁波江丰电子材料股份有限公司（简称江丰电子）创建于2005年，专业从事超大规模集成电路制造用超高纯金属材料及溅射靶材的研发生产，是科技部、发改委及工信部重点扶植的高新技术企业。

江丰电子研发生产的超高纯金属溅射靶材填补了中国在这一领域的空白，结束了产品依赖进口的历史，满足了国内企业不断扩大的市场需求，并成功获得国际一流芯片制造厂商的认证，在全球先端技术超大规模集成电路制造领域批量应用，成为电子材料领域成功参与国际市场竞争的中国力量。目前江丰电子的销售网络覆盖欧洲、北美及亚洲各地，产品应用到多家国内外知

名半导体、平板显示及太阳能电池制造企业。

②主营产品主要包括晶粒晶向控制技术、高纯金属纯度控制及提纯技术、金属的精密加工及特殊处理技术、靶材的清洗包装技术。

③专利情况。经检索，该公司相关专利具体情况如下：

在专利布局总体方面，共公开 79 件专利，其中发明授权专利 24 件，实用新型授权专利 12 件；

在专利有效性方面，有效专利 37 件，失效专利 18 件，审中专利 24 件；

在专利技术功效方面，提高生产效率的专利占比 6.33%，制备成本低的专利占比 3.80%；

在申请时间方面，2020 年的专利占比 15.19%，2021 年的专利占比 31.65%，2022 年的专利占比 13.92%。

（3）光刻胶、湿电子化学品：上海新阳半导体材料股份有限公司

①公司介绍。上海新阳半导体材料股份有限公司（简称上海新阳）始终坚持瞄准国际前沿技术，面向全球产业需求，突破国际技术垄断，填补国内技术的空白，持续进行技术创新与产品研发。专注于半导体行业所需功能性化学材料产品及应用技术的研发创新、生产制造和销售服务，致力于为用户提供化学材料、配套设备、应用工艺和现场服务一体化的整体解决方案，跻身为世界半导体材料供应商与应用技术服务商。

上海新阳创立于 1999 年 7 月，2011 年 6 月在深圳证券交易所创业板上市。20 多年来，上海新阳经过持续不断的研发创新，形成了拥有完整自主可控知识产权的电子电镀和电子清洗两大核心技术，已申请授权国家专利 210 项，其中国内发明专利 102 项，国际发明专利 8 项，用于晶圆电镀与晶圆清洗的第二代核心技术已达到世界先进水平。紧密围绕两大核心技术，上海新阳开发研制出 140 多种电子电镀与电子清洗系列功能性化学材料，产品广泛应用于集成电路制造、3D-IC 先进封装、IC 传统封测等领域，满足芯片铜制程 28~90nm 工艺技术要求，相关产品已成为多家集成电路制造公司 28nm 技术节点的基准材料，成为中国半导体功能性化学材料和应用技术与服务的知名品牌。公司已立项研发集成电路制造用高分辨率 193nm ArF 光刻胶及配套材料与应用技术，拥有完整自主可控知识产权的光刻胶产品与应用即将形成公司的第三大核心技术，公司在国内半导体功能性化学材料领域的地位将更加稳固。

②主营产品主要包括半导体传统封装、半导体制造及先进封装、航空航

天飞行器电子元器件。

③专利情况。经检索，该公司相关专利具体情况如下：

在专利布局总体方面，共公开145件专利，其中发明授权专利57件，实用新型授权专利25件，PCT专利1件；

在专利有效性方面，有效专利76件，审中专利56件，失效专利12件；

在专利技术功效方面，分辨率高的专利占比9.66%，稳定性好的专利占比7.59%，去除能力强的专利占比6.90%；

在申请时间方面，2019年的专利占比11.72%，2020年的专利占比30.34%，2021年的专利占比33.79%。

（4）电子特种气体：苏州金宏气体股份有限公司

①公司介绍。苏州金宏气体股份有限公司（简称金宏气体）成立于1999年，是专业从事气体研发、生产、销售和服务的安全、环保、集约型综合气体提供商。总部基地位于苏州市相城区黄埭镇潘阳工业园。公司于2020年6月在科创板上市。经过数年的发展，公司在全国已组建了60多家下属公司，使企业走上了集团化经营之路，致力于打造行业第一民族品牌，为客户创造"纯金"价值。

公司主要为客户提供各种大宗气体、特种气体和天然气的一站式供气解决方案。公司建设有国家企业技术中心、国家博士后科研工作站、省级高纯特种气体工程中心；商标、专利等知识产权多次荣获知名商标及专利奖；企业被评为国家专精特新"小巨人"企业、国家火炬计划重点高新技术企业、国家知识产权优势企业、工信部品牌培育试点企业、工信部服务型制造示范平台、工信部智能制造优秀场景、江苏省服务型制造示范企业、江苏省两化融合AAA级试点企业、江苏省管理创新示范企业、江苏省创新型百强企业、江苏省四星级数字企业、江苏省示范智能车间、苏州市自主品牌大企业和领军企业先进技术研究院企业、苏州市集成电路20强企业之一、苏州市市长质量奖等，先后承担20多项国家、省市级重大科研任务，并与南京大学、浙江大学、天津大学、苏州大学、华东师范大学等多所国内知名高校院所开展产学研合作。

②主营产品主要包括天然气、甲烷、三氯化硼、三氟化氮、六氟化硫、八氟环丁烷、六氟乙烷、四氟化碳、氯化氢、一氧化碳、笑气、硅烷高纯氨、标准气体、干冰、二氧化碳、氦气、氮气、氩气、氢气、氦气、乙炔、丙烷、氧气。

③专利情况。经检索，该公司相关专利具体情况如下：

在专利布局总体方面，共公开 12 件专利，其中发明授权专利 4 件，实用新型授权专利 3 件；

在专利有效性方面，有效专利 7 件，审中专利 4 件，失效专利 1 件；

在专利技术功效方面，工艺简单的专利占比 33.33%，降低生产成本的专利占比 25.00%，产品纯度高的专利占比 16.67%；

在申请时间方面，2012 年的专利占比 16.67%，2014 年的专利占比 16.67%，2021 年的专利占比 16.67%。

（5）封装材料：烟台德邦科技股份有限公司

①公司介绍。烟台德邦科技股份有限公司（简称德邦科技）是国家级高新技术企业，山东省首批瞪羚示范企业，国家专精特新"小巨人"企业，上交所科创板上市企业。

德邦科技为客户提供封装、黏合、散热、装配制造等功能性材料及专业的技术服务，主营电子封装材料、导热材料、导电材料、晶圆划片膜、减薄膜等 400 余种产品。

②主营产品主要包括集成电路封装材料、高端装备应用材料、智能终端封装材料、新能源应用材料。

③专利情况。经检索，该公司相关专利具体情况如下：

在专利布局总体方面，共公开 21 件专利，其中发明授权专利 9 件，PCT专利 1 件；

在专利有效性方面，有效专利 9 件，审中专利 7 件，失效专利 4 件；

在专利技术功效方面，降低体系黏度的专利占比 23.81%，有润湿作用的专利占比 19.05%，降低热膨胀系数的专利占比 14.29%；

在申请时间方面，2015 年的专利占比 9.52%，2021 年的专利占比 14.29%，2022 年的专利占比 28.57%。

（6）CVD/PVD、刻蚀机、清洗设备：北京北方华创微电子装备有限公司

①公司介绍。北京北方华创微电子装备有限公司是北京北方华创科技集团股份有限公司（简称北方华创）的全资子公司，北方华创成立于 2001 年 9 月，2010 年在深圳证券交易所上市，是目前国内集成电路高端工艺装备的先进企业。

北方华创以科技创新为基点，着眼未来，致力于加快推进北方华创向新型制造业的战略转型，致力于成为半导体基础产品领域值得信赖的引领者，

致力于提升人类智能生活品质，致力于实现中国"智造强国"的梦想蓝图。

北方华创主营半导体装备、真空及锂电装备、精密元器件业务，为半导体、新能源、新材料等领域提供解决方案。公司现有六大研发生产基地，营销服务体系覆盖欧、美、亚等全球主要国家和地区。

②主营产品主要包括等离子刻蚀设备、物理气相沉积设备、化学气相沉积设备、长晶炉设备、氧化扩散设备、湿法设备、紫外线固化炉、移载传送设备、辅助设备、气体测量控制、石墨纯化设备、化学气相沉积工艺设备、连续高温设备、烧结工艺设备、先进热处理工艺设备、钎焊工艺设备、物理气相沉积工艺设备、单晶炉设备、钕铁硼晶界扩散工艺设备、锂离子电池极片制造设备。

③专利情况。经检索，该公司相关专利具体情况如下：

在专利布局总体方面，共公开 1033 件专利，其中发明授权专利 478 件，实用新型授权专利 83 件，PCT 专利 47 件，中国台湾地区专利有 91 件；

在专利有效性方面，有效专利 626 件，审中专利 286 件，失效专利 64 件；

在专利技术功效方面，提高生产效率的专利占比 3.19%，有均匀性的专利占比 2.90%，提高工艺均匀性的专利占比 2.52%；

在申请时间方面，2020 年的专利占比 13.75%，2021 年的专利占比 15.68%，2022 年的专利占比 13.36%。

（7）光刻机：上海微电子装备（集团）股份有限公司

①公司介绍。上海微电子装备（集团）股份有限公司（简称 SMEE）主要致力于半导体装备、泛半导体装备、高端智能装备的开发、设计、制造、销售及技术服务。公司设备广泛应用于集成电路前道、先进封装、FPD 面板、MEMS、LED、Power Devices 等制造领域。SMEE 致力于以极致服务，造高端产品，创卓越价值，全天候、全方位、全身心地为顾客提供优质产品和技术服务。SMEE 已通过 ISO27001 信息安全管理体系认证、ISO9001 质量管理体系认证和 ISO14001 环境管理体系认证等，力求为客户提供持续、稳定、高品质的产品和服务，并履行一个优秀的高科技企业的社会责任。SMEE 已通过 GB/T 29490 企业知识产权管理规范认证，先后被评为"上海市专利工作和知识产权示范企业""国家级知识产权示范企业""国家企业技术中心"。

②主营产品主要包括 600 系列光刻机、500 系列光刻机、300 系列光刻机、200 系列光刻机、晶圆缺陷自动检测设备、半导体产线搬运机器人、晶圆对准/键合设备、硅片边缘曝光设备。

③专利情况。经检索，该公司相关专利具体情况如下：

在专利布局总体方面，共公开 325 件专利，其中发明授权专利 179 件，实用新型授权专利 24 件，PCT 专利 5 件，中国台湾地区专利 2 件；

在专利有效性方面，有效专利 241 件，失效专利 44 件，审中专利 35 件；

在专利技术功效方面，提高生产效率的专利占比 8.92%，结构简单的专利占比 5.23%，降低成本的专利占比 4.92%；

在申请时间方面，2013 年的专利占比 9.85%，2016 年的专利占比 11.38%，2018 年的专利占比 11.38%。

（8）离子注入机：北京中科信电子装备有限公司

①公司介绍。北京中科信电子装备有限公司是以中国电子科技集团公司第四十八研究所为技术依托，在科技部、北京市人民政府和中国电子科技集团公司的大力支持下成立的专门从事离子注入机研制、开发、生产和服务的高新技术企业。公司于 2003 年 6 月在北京市通州区光机电一体化基地注册，已建成离子注入机厂房近 4 万平方米。公司不仅研制、生产各类高水平离子注入机及其相关工艺设备，还提供生产线上各类型离子注入机的维护、维修、翻新等技术服务以及全系列离子注入机的备品备件。同时，公司还进行太阳能电池成套设备的开发生产，太阳能电池片及组件的生产和销售。

②主营产品主要包括 LC-2F 中能离子注入机、LC-4 高能离子注入机、LC-11 强流离子注入机、LC-14 强流氧离子注入机、LC-15 大束流离子注入机、LC-16 特种离子注入机、LC-19 大角度离子注入机。

③专利情况。经检索，该公司相关专利具体情况如下：

在专利布局总体方面，共公开 63 件专利，其中发明授权专利 12 件，实用新型授权专利 11 件，PCT 专利 1 件；

在专利有效性方面，失效专利 44 件，有效专利 11 件，审中专利 7 件；

在专利技术功效方面，结构简单的专利占比 17.46%，制造的专利占比 12.70%，结构紧凑的专利占比 11.11%；

在申请时间方面，2006 年的专利占比 14.29%，2011 年的专利占比 7.94%，2014 年的专利占比 14.29%。

（9）晶圆制造：中芯国际集成电路制造有限公司

①公司介绍。中芯国际集成电路制造有限公司（简称中芯国际）是世界领先的集成电路晶圆代工企业之一，也是中国大陆集成电路制造业领导者，拥有领先的工艺制造能力、产能优势、服务配套，向全球客户提供 0.35μm 到

鳍式场效应晶体管（FinFET）不同技术节点的晶圆代工与技术服务。中芯国际总部位于上海，拥有全球化的制造和服务基地，在上海、北京、天津、深圳建有 3 座 8 英寸晶圆厂和 4 座 12 英寸晶圆厂；在上海、北京、天津各有一座 12 英寸晶圆厂在建中。中芯国际还在美国、欧洲、日本和中国台湾设立营销办事处、提供客户服务，同时在中国香港设立了代表处。

②主营产品。中芯国际是一家纯晶圆代工厂，向全球客户提供 0.35μm 到 FinFET 8 寸和 12 寸芯片代工与技术服务。中芯国际除了高端的制造能力，还为客户提供全方位的晶圆代工解决方案，包括光罩制造、IP 研发及后段辅助设计服务等一站式服务（包含凸块加工服务、晶圆探测，以及最终的封装、测试等），目标是更有效地帮助客户降低成本，以缩短产品上市时间。

中芯国际成立于 2000 年，已成为世界领先的半导体代工企业之一。中芯国际设计服务中心提供了从 0.35μm 到 28nm 的技术节点，由内部研发团队及认证的 IP 供应商设计的符合最高的质量标准的 IP 和资料库，帮助客户基于 SMIC 工艺进行芯片设计。

为了简化客户的设计过程，中芯国际还提供多种选择的架构设计，包括工艺设计工具包（PDK）、技术文件、参考流程和 ESD 审查服务。这些增值服务已被证明帮助许多客户实现了大规模生产。

③专利情况。经检索，该公司相关专利具体情况如下：

在专利布局总体方面，共公开 5474 件专利，其中发明授权专利 3399 件，实用新型授权专利 152 件，PCT 专利 3 件，中国台湾地区专利 24 件；

在专利有效性方面，有效专利 3224 件，失效专利 1395 件，审中专利 853 件；

在专利技术功效方面，提高半导体器件性能的专利占比 5.06%，提高半导体结构性能的专利占比 3.20%，提高电学性能的专利占比 2.89%；

在申请时间方面，2013 年的专利占比 10.47%，2014 年的专利占比 10.16%，2016 年的专利占比 8.77%。

（10）封装测试：江苏长电科技股份有限公司

①公司介绍。江苏长电科技股份有限公司（简称长电科技）是全球领先的集成电路制造和技术服务提供商，提供全方位的芯片成品制造一站式服务，包括集成电路的系统集成、设计仿真、技术开发、产品认证、晶圆中测、晶圆级中道封装测试、系统级封装测试、芯片成品测试，并可向世界各地的半导体客户提供直运服务。

通过高集成度的晶圆级封装（WLP）、2.5D/3D 封装、系统级封装（SIP）、高性能倒装芯片封装和先进的引线键合技术，长电科技的产品、服务和技术涵盖了主流集成电路系统应用，包括网络通信、移动终端、高性能计算、车载电子、大数据存储、人工智能与物联网、工业智造等领域。长电科技在中国、韩国和新加坡设有六大生产基地和两大研发中心，在 20 多个国家和地区设有业务机构，可与全球客户进行紧密的技术合作，并提供高效的产业链支持。

②主营产品主要包括晶圆级封装技术、系统级封装技术、倒装封装技术、焊线封装技术、MEMS 与传感器封装技术、晶圆级封装技术。

③专利情况。经检索，该公司相关专利具体情况如下：

在专利布局总体方面，共公开 1211 件专利，其中发明授权专利 185 件，实用新型授权专利 719 件，PCT 专利 19 件；

在专利有效性方面，失效专利 753 件，有效专利 354 件，审中专利 85 件；

在专利技术功效方面，有快速传导功能的专利占比 23.20%，散热能力强的专利占比 23.20%，避免快速的专利占比 23.20%；

在申请时间方面，2010 年的专利占比 32.95%，2011 年的专利占比 7.10%，2012 年的专利占比 17.34%。

3.2.2　苏州市产业链重点企业及其专利情况

（1）超威半导体技术（中国）有限公司

①公司介绍。超威半导体技术（中国）有限公司位于中国苏州工业园区，是尖端的微处理器（CPU）制造企业，主要从事微处理器的测试（TMP）。公司于 2004 年 3 月正式注册成立，获准总投资额为 1 亿美元，建筑面积约为 12000 平方米。

②主营产品。公司主要从事微处理器（CPU）的测试（TMP）。

③专利情况。经检索，该公司相关专利具体情况如下：

在专利布局总体方面，共公开 72 件专利，其中发明授权专利 14 件，实用新型授权专利 13 件；

在专利有效性方面，审中专利 33 件，有效专利 28 件，失效专利 11 件；

在专利技术功效方面，提高封装结构性能的专利占比 5.56%，提高结构可靠性的专利占比 5.56%，提高良品率的专利占比 5.56%；

在申请时间方面，2019 年的专利占比 18.06%，2020 年的专利占比

22.22%，2021 年的专利占比 25%。

（2）三星半导体（中国）研究开发有限公司

①公司介绍。三星半导体（中国）研究开发有限公司位于美丽的金鸡湖畔，是韩国三星电子株式会社于 1994 年 12 月在苏州工业园区独资兴办的半导体组装和测试工厂。公司投资总额 1.5 亿美元，注册资本 5000 万美元。

②主营产品包括 SOP、DIP、QFP、TR 等。

③专利情况。经检索，该公司相关专利具体情况如下：

在专利布局总体方面，共公开 114 件专利，其中发明授权专利 47 件，实用新型授权专利 6 件；

在专利有效性方面，失效专利 63 件，有效专利 40 件，审中专利 11 件；

在专利技术功效方面，降低制造成本的专利占比 7.02%，低成本的专利占比 4.39%，简化制造工艺的专利占比 4.39%；

在申请时间方面，2011 年的专利占比 14.04%，2013 年的专利占比 17.54%，2015 年的专利占比 12.28%。

（3）和舰科技（苏州）有限公司

①公司介绍。和舰科技（苏州）有限公司坐落于驰名中外的苏州工业园区，是一家具有雄厚外资、制造尖端集成电路的一流晶圆专工企业。第一座 8 寸晶圆厂于 2003 年 5 月正式投产，总投资超过 12 亿美元，最大月产量可达 6 万片。该公司是国内同行业中最短时间内达成单月、单季损益平衡，并以高效率生产能力及高水平工艺技术，创造持续获利优异业绩的晶圆专工企业。

②主营产品包括 0.11μm 逻辑、0.18μm 逻辑、0.25μm 逻辑、0.35μm 逻辑工艺、高压工艺技术、混合信号/射频电路、非挥发性工艺技术、产品蓝图（Roadmap）、无尘室。

③专利情况。经检索，该公司相关专利具体情况如下：

在专利布局总体方面，共公开 64 件专利，其中发明授权专利 20 件，实用新型授权专利 11 件，PCT 专利 2 件，中国台湾地区专利 1 件；

在专利有效性方面，失效专利 35 件，有效专利 21 件，审中专利 6 件；

在专利技术功效方面，成本低的专利占比 4.69%，提高产品合格率的专利占比 4.69%，提高产品质量的专利占比 3.13%；

在申请时间方面，2007 年的专利占比 18.75%，2008 年的专利占比 21.88%，2009 年的专利占比 14.06%。

（4）芯三代半导体科技（苏州）有限公司

①公司介绍。芯三代半导体科技（苏州）有限公司源于长三角国家技术

创新中心与江苏省产业研究院引进的重大项目"碳化硅外延设备"。芯三代半导体科技（苏州）有限公司是一家根植本土、拥有全球高端人才和自主知识产权的尖端半导体芯片制造设备公司，致力于建立以中国为基地、世界领先的第三代半导体产业关键设备和核心技术平台。公司于 2020 年在苏州工业园区创立，位于交通便利的金鸡湖畔。

②主营产品为碳化硅（SiC）外延设备。

③专利情况。经检索，该公司相关专利具体情况如下：

在专利布局总体方面，共公开 6 件专利，其中发明授权专利 3 件，实用新型授权专利 1 件；

在专利有效性方面，有效专利 4 件，审中专利 2 件；

在专利技术功效方面，不需要距离运输的专利占比 16.67%，保护气体的专利占比 16.67%，保证掺杂浓度均匀性的专利占比 16.67%；

在申请时间方面，2022 年的专利占比 100%。

（5）共模半导体技术（苏州）有限公司

①公司介绍。共模半导体技术（苏州）有限公司于 2021 年 2 月成立，位于苏州市苏州工业园区国际科技园四期，且另设有上海、北京两处研发中心，上海研发中心位于上海市杨浦区国霞路 298 号 INNO 创智 A 座，北京研发中心位于北京市海淀区宝盛南路 1 号院奥北科技园领智中心 A 座。共模半导体致力于高性能模拟电路的研发及销售，产品涉及射频集成电路、模拟数字转换器、模拟电源、保护器件及高性能混合信号 SoC 等，广泛应用于工业、电力、通信、汽车、医疗及安全等多个领域，产品形态包括芯片和应用方案。

②主营产品包括射频集成电路、模拟数字转换器、模拟电源、保护器件、高性能混合信号 SoC。

③专利情况。暂无相关专利。

（6）苏州晶方半导体科技股份有限公司

①公司介绍。苏州晶方半导体科技股份有限公司于 2005 年 6 月在苏州成立，是一家致力于开发与创新新技术，为客户提供可靠的、小型化的、高性能和高性价比的半导体封装及测试工艺的量产服务商。晶方科技的 CMOS 影像传感器晶圆级封装技术彻底改变了封装的世界，使高性能、小型化的手机相机模块成为可能。

②主营产品主要包括以下方面：

设计链管理：可制造性设计（DFM）、面向成本的设计（DFC）、完整的设计和 WL 验证、引线框架、制成等；电学、热力和机械的特性：SIP 和射频等、快速打样的服务。

组装：全套硅通孔技术（TSV）、引线和倒装芯片解决方案、高制造产出、晶圆加工及 2/3D 组装、晶圆对晶圆的压合及 die 对晶圆的压合、微连接、集成和表面安装技术（SMT）。

失效分析（FA）及可靠性测试：封装和电路板级、凸点可靠性、底部填充/环氧塑封料（EMC）黏附、坠落试验、弯曲试验、焊点可靠性预测、原材料实验室、故障分析。

300mm 晶圆级 TSV 芯片尺寸封装量产线。

③专利情况。经检索，该公司相关专利具体情况如下：

在专利布局总体方面，共公开 370 件专利，其中发明授权专利 81 件，实用新型授权专利 132 件，PCT 专利 54 件，中国台湾地区专利 3 件；

在专利有效性方面，有效专利 189 件，审中专利 72 件，失效专利 55 件；

在专利技术功效方面，降低结构厚度的专利占比 4.86%，工艺简单的专利占比 4.32%，降低工艺难度的专利占比 4.05%；

在申请时间方面，2015 年的专利占比 12.70%，2017 年的专利占比 13.24%，2018 年的专利占比 14.05%。

（7）日月光集团

①公司介绍。日月光集团成立于 1984 年，长期为全球客户提供最佳的服务与最先进的技术。公司成立至今，专注于为客户提供半导体完整封装及测试服务，包括晶片测试程式开发、前段工程测试、基板设计与制造、晶圆针测、封装及成品测试的一元化服务。客户也可以通过日月光集团的子公司环隆电气，获得完善的电子制造服务整体解决方案。

②主营产品是晶片测试程式开发、前段工程测试、基板设计与制造、晶圆针测、封装及成品测试的一元化服务。

③专利情况。经检索，该公司相关专利具体情况如下：

在专利布局总体方面，共公开 1946 件专利，其中发明授权专利 587 件，实用新型授权专利 173 件，中国台湾地区专利 992 件，日本专利 14 件；

在专利有效性方面，有效专利 942 件，失效专利 593 件，审中专利 411 件；

在专利技术功效方面，提高产品良率的专利占比 2.21%，低成本的专利占比 1.85%，降低成本的专利占比 1.49%；

在申请时间方面，2009 年的专利占比 7.61%，2012 年的专利占比 6.32%，2021 年的专利占比 9.04%。

(8) 苏州纳芯微电子有限公司

①公司介绍。苏州纳芯微电子有限公司成立于 2013 年 5 月，致力于高性能集成电路芯片的设计、开发、生产和销售，是国内第一家专业面向传感器系统、提供一站式传感器 IC 解决方案和持续技术支持的 IC 设计公司。公司在 MEMS、微小信号采集、混合信号链处理以及传感器校准等领域拥有独立知识产权和丰富的 IP 积累，提供传感器调理芯片成品及晶圆，并提供传感器 IC 一站式设计服务。

②主营产品包括栅极驱动、工业/医疗/汽车专用芯片、接口、隔离、LED 驱动、电机控制驱动、功率路径保护、供电电源。

③专利情况。经检索，该公司相关专利具体情况如下：

在专利布局总体方面，共公开 5 件专利，其中发明授权专利 1 件，实用新型授权专利 1 件；

在专利有效性方面，审中专利 2 件，有效专利 2 件，失效专利 1 件；

在专利技术功效方面，低成本的专利占比 40.00%，保证刻蚀均一性的专利占比 20.00%，克服受应力影响的专利占比 20.00%；

在申请时间方面，2018 年的专利占比 40.00%，2020 年的专利占比 60.00%。

(9) 东微半导体

①公司介绍。东微半导体成立于 2008 年，注册资本 5000 余万元，是一家技术驱动型的半导体技术公司，在作为半导体核心技术的器件领域有深厚的技术积累，专注半导体器件技术创新，拥有多项半导体器件核心专利。

②主营产品包括 GreenMOS、SGTMOS、IGBT、SiC 器件、Hybrid FET。

③专利情况。经检索，该公司相关专利具体情况如下：

在专利布局总体方面，共公开 65 件专利，其中发明授权专利 27 件，实用新型授权专利 2 件，PCT 专利 17 件，中国台湾地区专利 2 件；

在专利有效性方面，有效专利 30 件，失效专利 18 件；

在专利技术功效方面，降低制造成本的专利占比 12.31%，控制方面的专利占比 10.77%，降低生产成本的专利占比 10.77%；

在申请时间方面，2013 年的专利占比 13.85%，2014 年的专利占比 23.08%，2019 年的专利占比 16.92%。

（10）希科半导体科技（苏州）有限公司

①公司介绍。希科半导体科技（苏州）有限公司是一家集研发、生产、销售于一体的高新技术企业，致力于成为技术和品质领先的碳化硅外延片生产基地。公司成立于 2021 年 8 月，创始团队成员从事碳化硅行业十多年，拥有多项发明专利，是国内首屈一指的碳化硅材料制备专家。

②主营产品为导电型碳化硅外延晶片。

③专利情况。经检索，该公司相关专利具体情况如下：

在专利布局总体方面，共公开 3 件专利，其中实用新型授权专利 1 件。

（11）苏州敏芯微电子技术股份有限公司

①公司介绍。苏州敏芯微电子技术股份有限公司成立于 2007 年 9 月，是一家专业从事微电子机械系统传感器研发设计的高新技术企业，公司总部在苏州工业园区，并在苏州工业园区、昆山市分别设有传感器产品制造工厂。目前，凭借自主知识产权的芯片设计，公司与国际知名半导体晶圆厂和封装厂合作，完成了公司产品的研发与产业化，并带动了 MEMS 上、下游产业链的发展。公司三大产品线分别为 MEMS 麦克风、MEMS 压力传感器和 MEMS 惯性传感器，应用场景涵盖了消费电子、医疗、工业控制以及汽车电子等领域。

②主营产品包括 MEMS 麦克风、MEMS 压力传感器、MEMS 惯性传感器。

③专利情况。经检索，该公司相关专利具体情况如下：

在专利布局总体方面，共公开 40 件专利，其中发明授权专利 17 件，实用新型授权专利 10 件；

在专利有效性方面，有效专利 27 件，审中专利 10 件，失效专利 3 件；

在专利技术功效方面，提高可靠性的专利占比 7.50%，降低成本的专利占比 7.50%，保护层的专利占比 5.00%；

在申请时间方面，2020 年的专利占比 22.50%，2021 年的专利占比 22.50%，2022 年的专利占比 30.00%。

（12）苏州华兴源创科技股份有限公司

①公司介绍。苏州华兴源创科技股份有限公司是一家工业自动测试设备与整线系统解决方案的提供商。主要测试产品用于 LCD、柔性 OLED、半导体、新能源汽车电子等行业的生产厂家，以及为行业提供定制化的数据融合软件平台。

②主营产品为驱动、测试、筛选和补偿修复、信赖性等相关设备。

③专利情况。经检索，该公司相关专利具体情况如下：

在专利布局总体方面，共公开 9 件专利，其中发明申请专利 3 件，实用新型授权专利 6 件。

（13）太极半导体（苏州）有限公司

①公司介绍。太极半导体（苏州）有限公司位于苏州工业园区，是江苏省首家上市公司无锡市太极实业股份有限公司下属全资子公司，注册资本 7.22 亿元。该公司有 16 年集成电路封装和测试研发及制造经验，可以提供从 IC 封装研发（ARD）、测试开发（TRD）到模组开发（MRD）等完整的一站式服务。

②主营产品为从 IC 封装研发（ARD）、测试开发（TRD）到模组开发（MRD）等完整的一站式服务。

③专利情况。经检索，该公司相关专利具体情况如下：

在专利布局总体方面，共公开 42 件专利，其中发明授权专利 7 件，实用新型授权专利 24 件；

在专利有效性方面，有效专利 31 件，审中专利 6 件，失效专利 5 件；

在专利技术功效方面，实现分拣倒装芯片的专利占比 11.90%，能快速传递的专利占比 11.90%，满足类型个性化追求的专利占比 11.90%；

在申请时间方面，2017 年的专利占比 33.33%，2019 年的专利占比 21.43%，2020 年的专利占比 19.05%。

（14）苏州能讯高能半导体有限公司

①公司介绍。苏州能讯高能半导体有限公司（简称能讯半导体）是由海外归国人员创办的高新技术企业，致力于宽禁带半导体氮化镓电子器件技术发展与产业化，为包括 5G 移动通信、宽频带通信的射频微波领域和包括工业控制、电源、电动汽车的电力电子领域两大领域提供高效率的半导体产品与服务。能讯半导体成立于 2011 年，是国内领先的射频氮化镓制造服务商，率先在全国开展了氮化镓射频芯片、功放管的研发与规模商用，为 5G 移动通信基站、宽频带通信等射频领域提供高能效半导体产品及解决方案。能讯半导体拥有丰富的射频产品线，覆盖了电信基础设施、射频能源及各类通用市场的应用，形成了从氮化镓管芯到氮化镓功放管的系列化产品平台，满足客户多元化的应用场景需求。

能讯半导体通过自主研发构筑了完整的氮化镓射频芯片技术体系，包括外延生长、芯片设计、晶圆制造、封装测试及可靠性等方面。截至 2022 年 5

月，公司拥有国内外氮化镓相关专利 437 件（海外发明专利 107 件），累计形成工艺菜单 2000 余项。公司投资并运营昆山第一工厂多年，设计产能为 4 寸氮化镓晶圆 2.5 万片/年。公司具备了在氮化镓芯片技术、规模生产、稳定运营等多维度的核心竞争力。能讯半导体致力于获取全面的客户满意度，不断提升产品质量。以 ISO9001 为基础，建立了完整的覆盖产品实现全过程的质量管理体系，从产品设计开发、生产到最终出厂检验，每个流程都进行严格的标准管控，确保产品质量的可靠性与一致性。

②主营产品包括陶封分立功放管、塑封分立功放管、集成多芯片模块、氮化镓管芯。

③专利情况，经检索，该公司相关专利具体情况如下：

在专利布局总体方面，共公开 43 件专利，其中发明授权专利 14 件，实用新型授权专利 4 件，PCT 专利 6 件；

在专利有效性方面，有效专利 19 件，审中专利 10 件，失效专利 8 件；

在专利技术功效方面，适用于大规模推广的专利占比 11.63%，提高器件可靠性的专利占比 9.30%，不易脱落的专利占比 4.65%；

在申请时间方面，2016 年的专利占比 20.93%，2017 年的专利占比 20.93%，2018 年的专利占比 18.60%。

（15）苏州芯慧联半导体科技有限公司

①公司介绍。苏州芯慧联半导体科技有限公司成立于 2019 年 1 月，前身为北京芯慧联半导体科技有限公司，主要为半导体/液晶面板行业提供技术服务支持、零部件制造组装、工艺设备研发及生产制造。该公司为业内培养了300 余人的技术工程团队，并在中国芯慧联香港、芯慧联日本、韩国等成立了子公司，积极整合海外技术资源。

②主营产品。

半导体设备：晶圆混合键合设备-3DSIXI、晶圆熔融键合设备、单片式湿法设备、单片式湿法设备-电镀、涂胶/显影设备、去胶机。

自动化设备：晶圆包装一体机、晶圆 FOUP/FOSB 拆包机、8/12 寸设备前端模块、4/6 寸设备前端模块及倒片机、4/6/8 寸设备前端模块及倒片机。

零部件：机器人、静电卡盘、热电偶、化学过滤器、晶圆载具。

③专利情况。经检索，该公司相关专利具体情况如下：

在专利布局总体方面，共公开 4 件发明专利。

（16）昆山国显光电有限公司

①公司介绍。昆山国显光电有限公司隶属于广东国显光电科技有限公司。

广东国显光电科技有限公司创立于 2016 年, 是一家专业 LED 显示应用产品及解决方案供应商, 专注于 LED 技术领域的研究和 LED 全彩显示屏的生产、销售和服务, 是 LED 光电领域综合运营品牌服务企业, 在深圳东莞拥有两大生产基地, 厂房面积超过 10000m²。该公司研发制造的 LED 应用产品种类齐全、产品结构多样化, 广泛应用于各种公共场所, 如商业广场、事业单位、体育场馆、交通设施、金融机构等, 在国内市场占据行业主导地位。LED 显示屏系列产品包括租赁产品、广告牌、高速公路牌、异型彩屏、球场屏等, 畅销亚洲、欧洲、北美洲、南美洲、非洲和大洋洲的 110 多个国家和地区, 遍及国内 30 多个省、市、自治区。

②主营产品包括小间距屏、常规户内屏、户外屏、透明屏、地砖屏、租赁屏。

③专利情况。经检索, 该公司相关专利具体情况如下:

在专利布局总体方面, 共公开 179 件专利, 其中发明授权专利 59 件, 实用新型授权专利 28 件, PCT 专利 91 件, 中国台湾地区专利 9 件;

在专利有效性方面, 有效专利 101 件, 审中专利 31 件, 失效专利 28 件;

在专利技术功效方面, 降低生产成本的专利占比 4.47%, 工艺简单的专利占比 3.91%, 提高生产效率的专利占比 3.91%;

在申请时间方面, 2017 年的专利占比 12.85%, 2018 年的专利占比 17.88%, 2019 年的专利占比 17.32%。

(17) 华灿光电 (苏州) 有限公司

①公司介绍。成立于 2005 年的华灿光电股份有限公司 (简称华灿光电), 是我国领先的半导体技术型企业。华灿光电 (苏州) 有限公司成立于 2012 年, 地址位于张家港。历经十几年的发展, 华灿光电已成为国内第二大 LED 芯片供应商, 国内第一大显示屏用 LED 芯片供应商。2015 年收购云南蓝晶科技股份有限公司 (简称云南蓝晶), 整合 LED 上游产业资源。华灿光电以技术为先导, 汇集国际技术力量, 在全球 LED 芯片市场已形成品质超群的良好口碑。华灿光电以"做最好的 LED 产品, 做最好的 LED 企业"为目标, LED 芯片产品已覆盖 LED 各细分市场, 致力于满足不同客户的需求, 提供芯片解决方案。

云南蓝晶为从事 LED 上游产品生产、加工和销售的高新技术企业, 是国内唯一一家集自主掌握长晶技术、自主设计建造晶体炉、生长晶体、研磨抛、清洗封装于一体的蓝宝石衬底及相关材料生产企业, 产品覆盖蓝宝石衬底材料完整的价值链。云南蓝晶自主研发蓝宝石晶体生长的核心技术"坩埚下降法"并获得国家发明专利,同时在蓝宝石晶体加工方面取得了多项专利,实现了规模化生产,在技术、工艺、生产上建立了完整的业务体系。

②主营产品包括 LED 芯片、LED 外延片、蓝宝石衬底片、蓝宝石晶棒。

③专利情况。经检索,该公司相关专利具体情况如下:

在专利布局总体方面,共公开 504 件专利,其中发明授权专利 300 件,实用新型授权专利 15 件,PCT 专利 5 件;

在专利有效性方面,有效专利 340 件,审中专利 82 件,失效专利 77 件;

在专利技术功效方面,提高发光效率的专利占比 26.79%,提高晶体质量的专利占比 10.71%,提高出光效率的专利占比 5.36%;

在申请时间方面,2017 年的专利占比 12.70%,2018 年的专利占比 20.63%,2021 年的专利占比 16.67%。

(18) 苏州浪潮智能科技有限公司

①公司介绍。苏州浪潮智能科技有限公司是中国领先的云计算、大数据服务商,拥有浪潮信息、浪潮软件、浪潮国际三家上市公司,主要业务涉及云计算、大数据、工业互联网、新一代通信及若干应用场景,已为全球 120 多个国家和地区提供 IT 产品和服务。

②主营产品包括云计算与数据中心、新一代通信、企业软件、云服务、天元大数据、行业软件、行业终端。

③专利情况。经检索,该公司相关专利具体情况如下:

在专利布局总体方面,共公开 121 件专利,其中发明授权专利 42 件,实用新型授权专利 25 件,PCT 专利 3 件;

在专利有效性方面,有效专利 72 件,审中专利 37 件,失效专利 9 件;

在专利技术功效方面,结构简单的专利占比 10.74%,有广泛应用前景的专利占比 9.92%,设计原理可靠的专利占比 9.92%;

在申请时间方面,2019 年的专利占比 19.83%,2020 年的专利占比 21.49%,2022 年的专利占比 30.58%。

(19) 华天科技(昆山)电子有限公司

①公司介绍。华天科技(昆山)电子有限公司(简称华天昆山)是天水华天科技股份有限公司全资子公司。天水华天科技股份有限公司是我国最早从事集成电路和半导体元器件研发、生产的企业之一。集团目前有天水华天电子集团股份有限公司、天水华天科技股份有限公司等 21 个具有独立法人实

体的控股公司和 5 家参股公司。华天昆山主要从事晶圆级封装技术研发和产业化，具备 8 寸和 12 寸晶圆封装量产能力，掌握硅通孔、微凸点、铜柱凸点、高密度再布线、芯片-晶圆键合及晶圆级键合等业界领先核心工艺技术，拥有硅通孔图像传感器封装、WLCSP、3DWLCSP、MEMS 封装、晶圆级光学镜头及晶圆级摄像模组等产品，开发了 12 寸硅通孔图像传感器、薄型 3DWLCSP、硅基板埋入扇出等新型封装技术和产品。华天昆山秉承"人才和技术是企业的核心财富"的用人理念，高度重视人才的引进和培养，先后外派近 40 名工程师前往美国、以色列、德国、马来西亚、英国等国进行跨国技术培训和交流。华天昆山已于 2016 年完成新厂房扩建项目。

②主营产品包括硅通孔图像传感器封装、WLCSP、3DWLCSP、MEMS 封装、晶圆级光学镜头及晶圆级摄像模组。

③专利情况。经检索，该公司相关专利具体情况如下：

在专利布局总体方面，共公开 145 件专利，其中发明授权专利 41 件，实用新型授权专利 60 件，PCT 专利 6 件；

在专利有效性方面，有效专利 78 件，失效专利 49 件，审中专利 34 件；

在专利技术功效方面，工艺简单的专利占比 10.18%，低成本的专利占比 9.58%；

在申请时间方面，2015 年的专利占比 19.76%，2016 年的专利占比 25.75%，2022 年的专利占比 17.37%。

（20）苏州固锝电子股份有限公司

①公司介绍。苏州固锝电子股份有限公司（简称苏州固锝）于 1990 年 11 月成立，是中国电子行业半导体十大知名企业、江苏省高新技术企业、中国半导体分立器件协会副理事长企业。

苏州固锝注册资本 8 亿多元，总占地面积 20 万平方米，总资产 24.02 亿元。2020 年公司实现销售收入 9.21 亿元，实现净利润 7755.27 万元，上交税费 2278.73 万元。2006 年 11 月 16 日，苏州固锝在深圳证券交易所成功上市。公司下辖 9 个子公司，分别为苏州晶银新材料股份有限公司、苏州明皜传感科技有限公司、苏州固锝新能源科技有限公司、苏州硅能半导体科技股份有限公司、江苏艾特曼电子科技有限公司、爱科微半导体（上海）有限公司、苏州华锝半导体有限公司、锝盛易（苏州）精密科技有限公司、宿迁固德半导体有限公司。苏州固锝是国内半导体分立器件二极管行业完善、齐全的设计、制造、封装、销售的厂商，从前端芯片的自主开发到后端成品的各种封装技术，形成了一个完整的产业链。主要产品包括最新封装技术的无引脚集成电路产品和分立器件产品、汽车整流二极管、功率模块、整流二极管芯片、硅整流二极管、开关二极管、稳压二极管、微型桥堆、军用熔断丝、光伏旁路模块等50多个系列、1500多个品种。产品广泛应用于航空航天、汽车、绿色照明、IT、家用电器以及大型设备的电源装置等许多领域。设计、研发太阳能电池用银浆以及各种电子浆料，研发并规模化生产物联网领域各种新型传感器。根据未来半导体高频、大功率、小型化（系统集成）、手持和移动化、环保和低碳节能的市场发展趋势，公司紧扣2.0时代发展脉搏，推动固锝集团的大发展，推行“绿色制造、绿色设计、绿色采购、绿色销售”的理念，并积极履行社会责任，也影响和带动了多家企业和社区共同营造幸福企业、幸福社区。

②主营产品包括汽车级二极管、整流二极管、MOSFET、小信号整流管、保护器件、光伏二极管模块等。

③专利情况。经检索，该公司相关专利具体情况如下：

在专利布局总体方面，共公开194件专利，其中发明授权专利34件，实用新型授权专利112件，PCT专利1件；

在专利有效性方面，有效专利100件，失效专利66件，审中专利17件；

在专利技术功效方面，避免失效的专利占比14.43%，提高可靠性的专利占比12.89%，提高良率的专利占比10.31%；

在申请时间方面，2013年的专利占比11.86%，2015年的专利占比11.86%，2019年的专利占比10.82%。

(21) 颀中科技（苏州）有限公司

①公司介绍。颀中科技（苏州）有限公司是集成电路高端先进封装测试服务商，可为客户提供全方位的集成电路封测综合服务，覆盖显示驱动芯片、电源管理芯片、射频前端芯片等多类产品。凭借在集成电路先进封装行业多年的耕耘，公司在以凸块制造（Bumping）和覆晶封装（FC）为核心的先进封装技术上积累了丰富经验并保持行业领先地位，形成了以显示驱动芯片封测业务为主，电源管理芯片、射频前端芯片等非显示类芯片封测业务齐头并进的良好格局。

②主营产品包括一站式服务、凸块加工、晶圆测试、研磨切割、封装测试、产品应用等。

③专利情况。经检索，该公司相关专利具体情况如下：

在专利布局总体方面，共公开 90 件专利，其中发明授权专利 24 件，实用新型授权专利 29 件，PCT 专利 14 件；

在专利有效性方面，有效专利 48 件，审中专利 15 件，失效专利 13 件；

在专利技术功效方面，提升产品良率的专利占比 5.56%，提升产品品质的专利占比 3.33%，降低生产成本的专利占比 3.33%；

在申请时间方面，2019 年的专利占比 17.78%，2020 年的专利占比 16.67%，2021 年的专利占比 21.11%。

（22）度亘核芯光电技术（苏州）有限公司

①公司介绍。度亘核芯光电技术（苏州）有限公司成立于 2017 年 5 月，注册资本 2.3 亿元，公司以高端激光芯片的设计与制造为核心竞争力，聚焦光电产业链上游，拥有覆盖化合物半导体激光器芯片设计、外延生长、器件工艺、芯片封装、测试表征、可靠性验证以及功能模块等全套工程技术能力和量产制造能力，专注于高性能、高功率、高可靠性光电芯片及器件的设计、研发和制造。

目前，公司已形成由高功率芯片、980 单模泵浦模块、阵列激光器、VC-SEL、光纤耦合模块构成的五大类、多系列产品矩阵，产品广泛应用于工业加工、智能感知、3D 传感、光通信、医疗美容和科学研究领域，致力于打造具有国际行业地位的产品研发中心和生产制造商。

②主营产品包括高功率芯片、单模泵浦激光芯片与模块、VCSEL、阵列激光器、光纤耦合模块等。

③专利情况。经检索，该公司相关专利具体情况如下：

在专利布局总体方面，共公开 42 件专利，其中发明授权专利 28 件，实用新型授权专利 10 件；

在专利有效性方面，有效专利 38 件，审中专利 3 件，失效专利 1 件；

在专利技术功效方面，保证电极开窗的专利占比 7.14%，去除层的专利占比 7.14%，电极开窗效果良好的专利占比 7.14%；

在申请时间方面，2020 年的专利占比 19.05%，2021 年的专利占比 42.86%，2022 年的专利占比 35.71%。

（23）苏州智程半导体科技股份有限公司

①公司介绍。苏州智程半导体科技股份有限公司成立于 2009 年，注册资本 6000 万元，是一家从事半导体领域湿制程设备等研发、生产与销售的国家高新技术企业；是中国电子专用设备工业协会理事单位、中国半导体协会和

江苏省半导体协会会员单位。产品广泛应用于集成电路制造、先进封装、化合物半导体、半导体衬底等领域，并被授予国家级专精特新"小巨人"企业、江苏省专精特新"小巨人"企业的荣誉称号。

公司秉承"满足客户的需求只是及格，超越客户的期望才是优秀"的理念，砥砺前行，荟萃业界精英，致力于不断优化产品结构，依托自身优势，把握时代脉搏，不断突破与进取，为公司未来战略发展奠定和夯实基础。

②主营产品包括槽式湿法刻蚀清洗设备、单片湿法刻蚀清洗设备、电镀设备、刷片清洗设备、匀胶显影设备、CDS 设备、SDS 设备、中央供药系统。

③专利情况。经检索，该公司相关专利具体情况如下：

在专利布局总体方面，共公开 28 件专利，其中发明授权专利 21 件，实用新型授权专利 1 件；

在专利有效性方面，有效专利 23 件，审中专利 5 件；

在专利技术功效方面，晶圆电镀的专利占比 14.29%，晶圆的专利占比 10.71%，延长设备使用寿命的专利占比 7.14%；

在申请时间方面，2021 年的专利占比 10.71%，2022 年的专利占比 67.86%，2023 年的专利占比 14.29%。

第 4 章

国内重点城市发明专利布局对比分析

本章所用的分析数据主要依托前文中的检索式所得到的专利数据，其中专利数据主要为 1985 年以来北京、上海、苏州、南京以及无锡的全量发明专利。通过对专利总量趋势、不同申请人类型（高校、研究院所、企业）、企业数量、专利质量（授权率变化）等维度的对比，挖掘各集成电路产业重点城市之间的专利情况，为苏州市政府制定知识产权政策及产业发展策略提供支持。

4.1 发明专利申请情况对比

4.1.1 发明专利申请量趋势分析

表 4-1 反映了 2013—2022 年我国五大城市发明专利申请的统计数据，从中可以看出，北京市和上海市，特别是上海市，在发明专利申请的趋势上逐步进入平缓阶段，而苏州市、无锡市和南京市一直处于高速增长状态。但从整体专利数量上看，北京市、上海市近几年每年申请量均在 1000 件以上；苏州市 2022 年已经超过 700 件，接近 1000 件；而无锡市与南京市虽然增速较快，但申请量仍有待提升。

表 4-1　五大城市发明专利申请量趋势对比

地区	申请量趋势对比
北京市	
上海市	
苏州市	

续表

地区	申请量趋势对比
无锡市	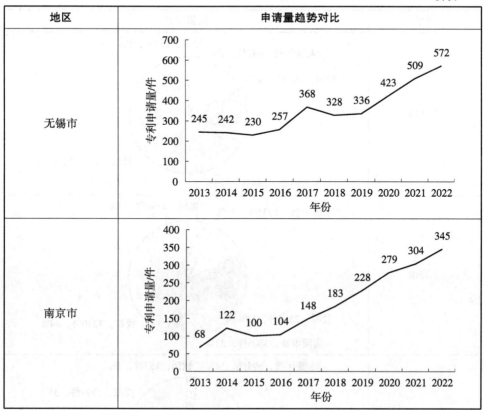
南京市	

4.1.2 发明专利法律状态分析

五大城市发明专利的法律状态数据见表 4-2，从中可以看出，在统计范围的五种法律状态（授权、撤回、驳回、实质审查、未缴年费），北京市和上海市的授权占比均为 44%、苏州市为 35%、无锡市为 36%，南京市最低，为 33%；可见苏州市、无锡市和南京市在专利授权数量上与北京市、上海市有一定差距。

表 4-2　五大城市发明专利法律状态

地区	法律状态
北京市	撤回，868件，8% 未缴年费，987件，9% 驳回，1403件，13% 授权，4757件，44% 实质审查，2845件，26%
上海市	撤回，1199件，7% 未缴年费，1735件，11% 驳回，2515件，15% 实质审查，3805件，23% 授权，7240件，44%
苏州市	撤回，157件，3% 未缴年费，698件，14% 授权，1791件，35% 驳回，811件，16% 实质审查，1590件，32%
无锡市	撤回，79件，2% 未缴年费，508件，11% 驳回，777件，18% 授权，1569件，36% 实质审查，1432件，33%

续表

地区	法律状态
南京市	撤回，176件，8% 未缴年费，286件，13% 授权，723件，33% 驳回，340件，15% 实质审查，700件，31%

4.2 创新主体对比

4.2.1 各类型申请人占比分析

对专利申请人的类型（企业、大专院校、科研单位、个人）数据进行统计，结果见表 4-3。从表 4-3 可以看出，北京市企业占比为 56%、上海市 85%、苏州市 89%、无锡市 94%、南京市 56%，北京市与南京市的高校比较多，占比比较大，因此呈现出来的申请人结构特点是企业与高校、科研院所基本对半平分。

上海市虽然高校也比较多，但是由于产业结构中企业数量占比较多，因此在专利申请中企业的占比也较北京市、南京市更高；而苏州市与无锡市专利申请量均以企业为主，占比都接近或超过 90%。

表 4-3 五大城市各类型申请人占比

地区	不同申请人占比
北京市	个人，267件，2% 机关团体，30件，0% 大专院校，2071件，18% 企业，6601件，56% 科研单位，2818件，24%

续表

地区	不同申请人占比
上海市	个人，219件，1% 机关团体，21件，0% 科研单位，844件，5% 其他，5件，0% 大专院校，1418件，9% 企业，14379件，85%
苏州市	大专院校，199件，4% 个人，164件，3% 科研单位，216件，4% 企业，4571件，89%
无锡市	个人，93件，2% 大专院校，133件，3% 科研单位，32件，1% 企业，4189件，94%
南京市	个人，160件，7% 科研单位，29件，1% 大专院校，830件，36% 企业，1296件，56%

4.2.2　企业数量对比

统计北京市、上海市、苏州市、南京市、无锡市五大城市 2013—2022 年有专利企业的数量趋势，按照每年度数量进行分析，具体数据结果见表 4-4。

表 4-4　五大城市企业数量对比

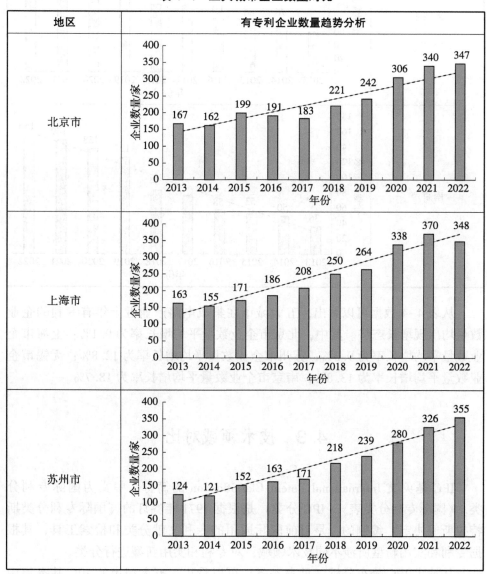

续表

地区	有专利企业数量趋势分析
无锡市	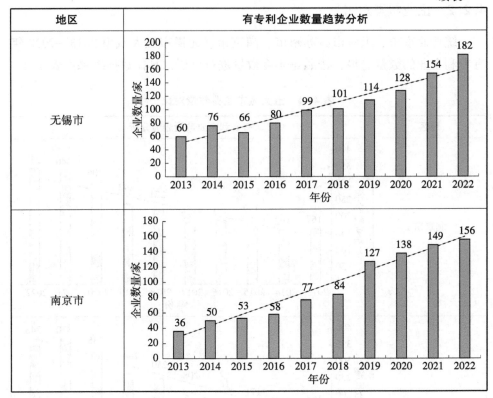
南京市	

从表4-4数据可以看出，五大城市在集成电路产业近十年有专利的企业数量均出现增长态势。其中，北京市企业数量平均增长率为9.1%；上海市企业数量平均增长率为9.3%；苏州市企业数量平均增长率为12.8%；无锡市企业数量平均增长率为13.8%；南京市企业数量平均增长率为18.7%。

4.3 技术领域对比

IPC 是英文 International Patent Classification 的简称，中文为国际专利分类。《国际专利分类表》（IPC 分类）是根据 1971 年签订的《国际专利分类斯特拉斯堡协定》编制的，是目前国际通用的专利文献分类和检索工具，其根据专利和实用新型所涉不同技术领域，对专利和实用新型进行分类。

从技术 IPC 分布分析（见表4-5）可以看出，五大城市的 IPC 基本集中在 H01L（半导体器件）。而从第二交叉的 IPC，北京市、苏州市、无锡市、南京市都是 C23C（对金属材料的镀覆；用金属材料对材料的镀覆；表面扩散法，化学转化或置换法的金属材料表面处理；真空蒸发法、溅射法、离子注入法或化学气相沉积法的一般镀覆）；上海市是 G03F（图纹面的照相制版工艺，例如，印刷工艺、半导体器件的加工工艺、所用材料、所用原版、所用专用设备）。

表 4-5　五大城市技术 IPC 分布申请量对比

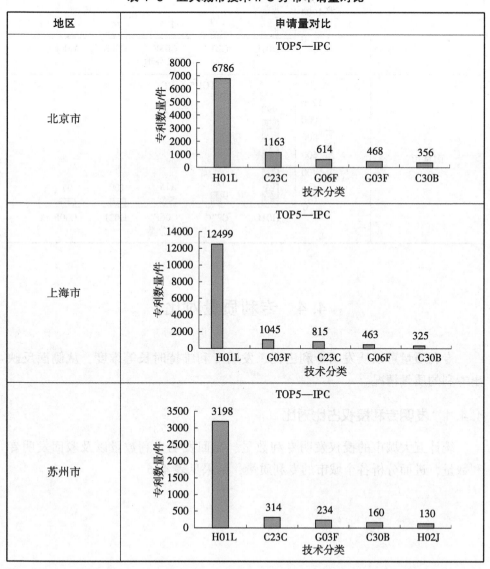

地区	申请量对比
无锡市	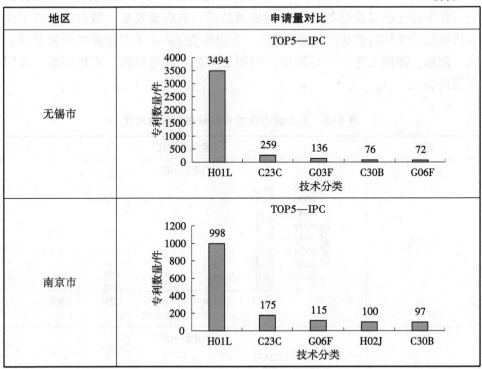
南京市	

4.4 专利质量对比

专利质量可以从发明专利占比、发明专利维持时长等维度，从侧面反映出专利的质量情况。

4.4.1 发明专利授权占比对比

统计五大城市的授权发明专利数量、撤回发明专利数量以及驳回发明专利数量，进而分析各个城市的专利质量，结果见表4-6。

表 4-6　五大城市发明专利授权-结案占比分析

地区	授权-结案占比分析
北京市	撤回，12%　驳回，20%　授权，68%
上海市	撤回，15%　驳回，22%　授权，63%
苏州市	撤回，23%　驳回，26%　授权，51%
无锡市	撤回，19%　驳回，28%　授权，53%
南京市	撤回，21%　驳回，25%　授权，54%

从表4-6统计数据可以看出，北京市、上海市的发明专利授权率高出苏州市、无锡市及南京市10个百分点，具体数据如下：北京市发明专利授权率为68%；上海市发明专利授权率为63%；苏州市发明专利授权率为51%；无锡市发明专利授权率为53%；南京市发明专利授权率为54%。

由此可见，北京市、上海市的专利质量从授权率角度看相对要高一些。

4.4.2 发明专利维持时长分析

统计五大城市的发明专利维持时长（即中国专利的申请日到失效日的时长），按照0~5年、5~10年、10~15年、15~20年进行统计，并计算各维持时段的占比信息，从一定程度反映专利质量情况，具体情况见表4-7。

表4-7 五大城市发明专利维持时长分析

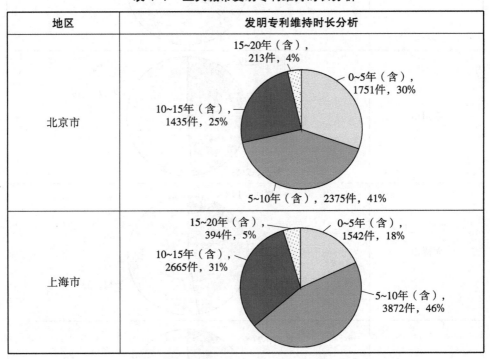

续表

地区	发明专利维持时长分析
苏州市	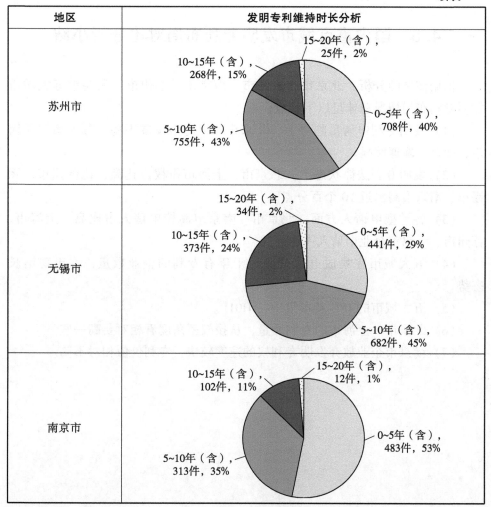
无锡市	
南京市	

从表 4-7 可以看出：北京市发明专利维持时长占比最高的是 5~10 年；占比 41%；上海市发明专利维持时长占比最高的是 5~10 年，占比 46%；苏州市发明专利维持时长占比最高的是 5~10 年，占比 43%；无锡市发明专利维持时长占比最高的是 5~10 年，占比 45%；南京市发明专利维持时长占比最高的是 0~5 年，占比 53%。由此可见，在维持时长上，北京市、上海市、苏州市、无锡市占比最多的都是 5~10 年，占比超过了 40%，而南京市的专利维持时长占比最高的是 0~5 年，且占比达到了 53%，可见南京企业放弃发明专利权的速度较快，专利价值不高。

4.5　国内重点城市发明专利布局对比分析小结

根据前文的分析，北京市、上海市、南京市、苏州市、无锡市五大城市发明专利布局情况总体呈以下特点。

（1）发明专利申请量趋势上，北京市、上海市发展平稳，苏州市、无锡市、南京市增速明显。

（2）发明专利法律状态上，北京市、上海市授权占比高，比苏州市、无锡市、南京市高出近 10 个百分点。

（3）各类型申请人方面，北京市、南京市高校申请人占比高，上海市、苏州市、无锡市企业申请人占比高。

（4）五大城市在集成电路产业近十年有专利的企业数量，均出现增长态势。

（5）五大城市的 IPC 基本集中在 H01L。

（6）北京市、上海市的专利质量，从授权率角度看相对要高一些。

（7）南京市企业放弃发明专利权的速度较快，专利价值相对不高。

第 **5** 章

集成电路产业化综合数据分析

5.1 标准组织分析

5.1.1 SEMI 标准化组织介绍

国际半导体产业协会（Semiconductor Equipment and Materials International，SEMI）成立于 1973 年，是为推进电子制造行业进步而成立的。目前，SEMI 汇聚了 5000 多位来自全球各地的权威专家以及 2000 多家全球半导体领域龙头企业，成立了 20 个标准委员会及 200 个工作小组，是沟通半导体电子产业链的全球行业协会，为推动全球产业标准的制定贡献力量。SEMI 主要为半导体制程设备提供一套实用的环保、安全和卫生准则，适用于所有用于芯片制造、量测、组装和测试的设备。SEMI 的标准提案主要来自中国、美国、韩国、日本等跨国公司，其中，中国的提案相对较少。

全球半导体市场从 1976 年的约 29 亿美元发展到 2022 年的 5832 亿美元，增长了约 200 倍，无疑是非常成功的。半导体行业下游已经渗入消费电子、计算机、通信、汽车、工业等社会生活的方方面面，已然发展成为信息科技产业和数字经济的基石。而这一切，离不开 SEMI 标准的制定和实施。SEMI 标准化组织情况如图 5-1 所示。

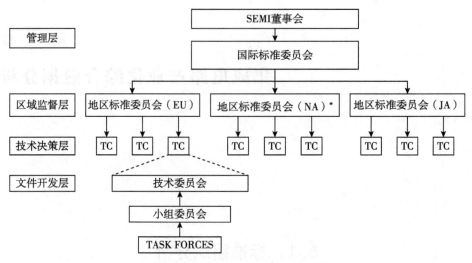

图 5-1　标准化组织介绍

SEMI 标准覆盖种类情况如图 5-2 所示。从图中可以看出，SEMI 标准覆盖较多的技术领域主要在设施、设备自动化软硬件及封装领域，这也是集成电路生产制造的核心产业环节。

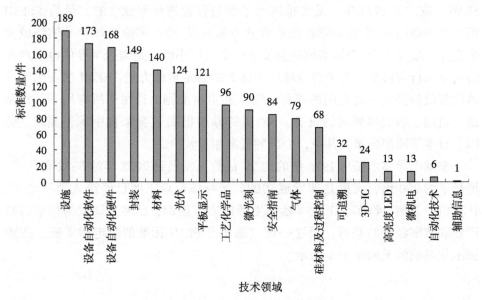

图 5-2　SEMI 标准覆盖种类情况

5.1.2　国际电工委员会（IEC）介绍

国际电工委员会（International Electro-technical Commission，IEC）成立于1906 年，是世界上成立最早的非政府性国际电工标准化机构，是联合国经社理事会（ECOSOC）的甲级咨询组织。1947 年联合国际标准化组织（ISO）成立后，IEC 曾作为电工部门并入 ISO，但在技术上、财务上仍保持其独立性。根据 1976 年 ISO 与 IEC 的新协议，两组织都是法律上独立的组织，IEC 负责有关电工、电子领域的国际标准化工作，其他领域则由 ISO 负责。IEC 成员国包括了绝大多数的工业发达国家及一部分发展中国家。这些国家拥有世界人口的 97%，其生产和消耗的电能占全世界的 95%，制造和使用的电气、电子产品占全世界产量的 90%。IEC 的宗旨是促进电工标准的国际统一，促进电气、电子工程领域中标准化及有关方面的国际合作，增进相互了解，并为实现这一目的出版包括国际标准在内的各种出版物，且希望各国家委员会在其本国条件许可的情况下使用这些国际标准。IEC 的工作领域包括电力、电子、电信和原子能方面的电工技术。

国际电信联盟（International Telecommunication Union，ITU）的第一个专利政策的版本是国际电报电话咨询委员会（CCITT）于 1985 年提出的，之后于 2006 年 7 月，ISO 和 IEC 共同制定了专利政策及相关文件，包括《ITU-T/ITU-R/ISO/IEC 通用专利政策》、《ITU-T/ITU-R/ISO/IEC 通用专利政策实施指南》以及专利声明和许可声明表格。经过近 30 年的发展，尽管通用专利政策自 2007 年实施以来没有做出任何修订，但相关政策指南、专利许可声明表格已经过多次修订，实施指南最新的修订版本为 2018 年 11 月发布的版本。关于 ITU 的知识产权政策的基本原则一直没有变，即标准组织不进行专利必要性等方面的鉴定，不应过多插手专利许可纠纷等相关事宜，该事宜应留待许可双方自行协商解决。由于 ITU 属于政府间国际组织，故而其更宽容、更具包容性的知识产权政策具有很高的影响力，很多标准组织都参考或引用其政策。

当前，IEC 及 ISO/IEC 联合发布标准共计 21044 项，其中涉及专利的标准有 1010 项，占 IEC 发布标准数量的 5%。具体涉及的标准技术组织见表 5-1。

表 5-1   具体涉及的标准技术组织

技术组织	标准数量/项	技术组织	标准数量/项	技术组织	标准数量/项	技术组织	标准数量/项
ISO/IEC JTC 1	3	SC 121A	2	TC 10	1	TC 48/SC 48B	7
ISO/IEC JTC 1/SC 17	3	SC 21A	3	TC 100	38	TC 49	1
ISO/IEC JTC 1/SC 25	1	SC 22G	4	TC 100/TA 15	1	TC 57	13
ISO/IEC JTC 1/SC 27	8	SC 23E	1	TC 100/TA 4	1	TC 61	3
ISO/IEC JTC 1/SC 29	111	SC 23H	2	TC 103	3	TC 65/SC 65C	18
ISO/IEC JTC 1/SC 31	8	SC 25	1	TC 104	1	TC 69	9
ISO/IEC JTC 1/SC 35	2	SC 34A	2	TC 105	6	TC 80	1
JTC 1	3	SC 34B	7	TC 106	4	TC 82	1
JTC 1/SC 31	1	SC 34C	1	TC 110	3	TC 86	1
JTC 1/SC 17	10	SC 46F	8	TC 116	10	TC 86/SC 86B	6
JTC 1/SC 23	16	SC 47A	1	TC 13	4	TC 87	2
JTC 1/SC 25	36	SC 47E	5	TC 17	4	TC 9	4
JTC 1/SC 25, ISO TC 205	1	SC 48B	9	TC 2	1	TC 90	1
JTC 1/SC 27	33	SC 48D	1	TC 21	1	TC 91	10
JTC 1/SC 28	1	SC 59D	1	TC 23	3		
JTC 1/SC 29	280	SC 65B	4	TC 25	2		
JTC 1/SC 31	105	SC 65C	50	TC 31	1		
JTC 1/SC 34	2	SC 65E	6	TC 34/SC 34B	2		
JTC 1/SC 6	7	SC 77A	1	TC 40	4		
JTC 1/SC29	1	SC 86B	15	TC 46/SC 46F	8		
JTC1/SC29	2	SC 86C	3	TC 47/SC 47E	1		

涉及相关标准的企业情况见表 5-2。

表 5-2   涉及相关标准的企业情况

公司名称	标准数量/项	公司名称	标准数量/项	公司名称	标准数量/项	公司名称	标准数量/项
美国高通	74	Actaris Measurement Systems (PTY) Ltd.	1	Hager Controls SAS	2	Original Design	1

公司名称	标准数量/项	公司名称	标准数量/项	公司名称	标准数量/项	公司名称	标准数量/项
诺基亚	68	ActivIdentity	1	Hirschmann Automation and Control GmbH	2	Ormazabal Corporate Technology A. I. E	1
韩国电子通信研究院（ETRI）	33	美国超威半导体公司	1	IDENTEC SOLUTIONS AG	2	韩国泛泰株式会社	1
德国西门子	31	Agere Systems Inc.	1	IPICO Innovation Inc.	2	Pepperl Fuchs GmbH	1
Impinj	28	Akebono Brake Industry Co., Ltd.	1	Jinliang Qu	2	飞利浦	1
英特尔	28	All Media Guide, LLC	1	JVC Kenwood Corporation	2	PKWARE	1
索尼	26	Amphenol Socapex	1	京瓷集团	2	雷迪埃	1
KPN	23	Asahi Glass Co., Ltd.	1	McData Corporation	2	上海雷迪埃电子有限公司	1
Thomson Licensing	18	ASM Assembly Systems GmbH & Co. KG	1	英仕	2	RealNetworks, Inc	1
三菱电机	17	美国电话电报公司（AT&T）	1	摩托罗拉	2	Reichle De-Messari AG	1
NTT DOCOMO, INC	16	Axalto	1	National Institute of Advanced Industrial Science and Technology	2	Renichael Cordes/Ernst Schobesberger/ M C Consult Invest Trade GmbH	1
微软	14	北京神经元网络技术有限公司	1	菲尼克斯	2	Research in Motion	1
ODVA	13	德国本德尔	1	罗森伯格高频技术有限公司	2	Rexroth Indramat GmbH	1
夏普	13	BlackBerry Ltd.	1	三洋电机	2	理光高科技	1

公司名称	标准数量/项	公司名称	标准数量/项	公司名称	标准数量/项	公司名称	标准数量/项
ABB AG	12	博世力士乐中国	1	Savi Technology Inc.	2	罗德与施瓦茨公司	1
松下电器	12	British Telecommuni-cations plc	1	千住金属集团	2	荷兰皇家飞利浦电子公司	1
苹果公司	11	BSH Bosh und Siemens Hausger GmbH	1	住友大阪水泥株式会社	2	法国萨基姆	1
东芝	11	BTG International Ltd.	1	TDF	2	Schneider Automation Inc.	1
法国电信集团	10	Bush-Jaeger Elektro GmbH	1	Texas Instruments Incorporated	2	Schweitzer Engineering Laboratories, Inc.	1
Fraunhofer Institut Fur Nachrichtente-chnik	10	佳能	1	美国西蒙公司	2	Semtech Corporation	1
恩智浦公司	10	Certicom Corporation	1	Trellis Management Co., Ltd.	2	Sequoia Smart Solutions Pty. Ltd.	1
三星电子	10	中国移动	1	匹兹堡大学	2	苏州生益科技	1
爱立信	10	Coding Technologies AB	1	韩国航空大学	2	西克中国	1
惠普公司	9	Conlog（Pty）Ltd.	1	WITRICITY Corp.	2	Sisvel Technology SRL	1
韩国电子通信研究院	8	Cookson Electronics	1	Yamaichi Electronics Deutschland GmbH	2	韩国 SK 电信	1
Fuji Corporation	8	Dan Gavish and/or Hanna Gavish	1	横河电机	2	SOL Inc.	1

公司名称	标准数量/项	公司名称	标准数量/项	公司名称	标准数量/项	公司名称	标准数量/项
华为	8	迪士尼公司	1	泰科电子	1	SRT Marine Systems plc	1
阿尔卡特	7	EADS France	1	Unicorn Energy GmbH	1	Streamezzo	1
西安西电捷通	7	伊士曼柯达公司	1	Vector Dynamics Corporation	1	Tandberg Telecom AS	1
斑马技术	7	伊士曼柯达公司	1	Velos Media International Ltd.	1	Tarutin Kester Co., Ltd.	1
CISC Semi Conductor	6	eBrisk Video Inc.	1	Vidiyo Inc.	1	德州仪器	1
康普公司	6	Echelon Corporation	1	VoiceAge Corporation	1	The Chamberlain Group, Inc.	1
日立消费电子公司	6	法国电力集团	1	Western Digital Technologies, Inc.	1	Tigo Energy, Inc.	1
Magellan Technology Pty. Limited	6	Electric Power Research Institute	1	Winstead Assets Ltd.	1	日本东海公司	1
Pilz GmbH & Co. KG	6	Electronic Theatre Controls Inc.	1	Wisconsin Alumni Research Foundation	1	东洋制罐株式会社	1
德国倍福自动化有限公司	5	德国倍福集团	1	施乐公司	1	株式会社丰田中央研究所	1
杜比实验室	5	EMBLAZE Ltd.	1	Xi'an forstar S & T Co., Ltd.	1	丰田汽车	1
HUBER + SUHNER AG	5	EnergyBus e. V	1	西安电子科技大学	1	浙江中控技术股份有限公司	1
Husqvarna AB	5	Enterasys Networks, Inc.	1	雅马哈发动机	1	Zumbotel Staff GmbH	1

公司名称	标准数量/项	公司名称	标准数量/项	公司名称	标准数量/项	公司名称	标准数量/项
KiloLambda Technologies, Ltd.	5	Federal State Unitary Enterprise "Russian metrological institute of technical physics and radio engineering" (FSUE VNIIFTRI)	1	日本产业技术综合研究所（AIST）	2	Malcom Co., Ltd.	1
National Institute of information and communication technology	5	费斯托	1	Alien Technology Corporation	2	万事达卡公司	1
施耐德电气工业	5	费希尔控制设备国际有限公司	1	B & R Industrial Automation GmbH	2	McDonnel Douglas Corporation	1
讯宝科技公司	5	FREDERIC JOUVIN JEAN-LUC JOUVIN	1	北京东土科技	2	联发科技	1
Tyco Technology Resources	5	飞思卡尔半导体公司	1	贝加莱工业自动化公司	2	Merlin Gerin SA (Pty) Ltd t/a Conlog	1
安川电机	5	Gemplus SA	1	BTB GmbH & Co. KG	2	Mindego Inc.	1
ATMEL Automotive GmbH	4	GENB Systems Limited	1	博科通信	2	Mitsui Mining & Smelting Co., Ltd.	1
Broadcom Advanced Compression Group LLC	4	通用电气公司	1	Corning Cable Systems	2	Murata Machinery	1

续表

公司名称	标准数量/项	公司名称	标准数量/项	公司名称	标准数量/项	公司名称	标准数量/项
思科公司	4	通用电气公司	1	DecaWave Ltd.	2	Nagoya Inustrial Science Research Institute	1
Diamond SA	4	GP & C Systems International AB	1	电通公司	2	新加坡南洋理工大学	1
韩国电子部品研究院	4	光州科学技术院	1	DVA Holdings LLC	2	Narda Safety Test Solutions GmbH	1
乐星产电株式会社	4	Hambat National University Industry Academic Cooperation Fundetion	1	enikos Pty Ltd.	2	千业大学	1
蒙纳公司	4	HART 通信基金会	1	EUROMICRON Werkzeuge GmbH	2	NeoScale Systems Inc.	1
Orange	4	Heesung Material Co., Ltd.	1	EXFO Electro-Optical Engineering Inc.	2	NHK（Japan Broadcasting Corporation）	1
先锋株式会社	4	欧华照明（苏州）有限公司	1	现场总线基金会（FF）	2	Nihon Superior Co., Ltd.	1
TAGSYS SA	4	日立株式会社	1	FieldComm Group	2	日产汽车	1
意大利电信集团	4	霍尼韦尔	1	GE Consumer and Industrial	2	NIVIS LLC	1
3M 公司	3	HUMAX	1	GEMALTO SA	2	美国国家安全局（NSA）	1
Andreas Stihl AG & Co. KG	3	现代汽车	1	捷德公司	2	OFS	1
BKS Engineering AG	3	ICL	1	谷歌公司	2	欧姆龙集团	1

续表

公司名称	标准数量/项	公司名称	标准数量/项	公司名称	标准数量/项	公司名称	标准数量/项
Dolby International AB	3	iControl	1	Nanotron Technologies GmbH	3	JDS Uniphase Corporation	1
EM Microelectronic Marin SA	3	IDEMIA	1	日本电气公司	3	日本胜利公司	1
FastVDO LLC	3	iKlax Media	1	Philips International B. V. – IP S	3	Kathrein Werke	1
Harting Electric GmbH & Co. KG	3	IMV Corporation	1	博世集团	3	日本庆应义塾大学	1
IPICO South Africa（Pty）Ltd.	3	英飞凌科技公司	1	Rockwell Automation Technologies	3	KISA	1
KDDI Corporationt	3	InfoPrint Solutions Company LLC	1	SENKO Advanced Components, Inc.	3	Klafs GmbH & Co. KG	1
LG 电子	3	Insignal	1	Spinner GmbH	3	Korea Institute of Industrial Technology	1
LLC Metsbutservis	3	intoPIX SA	1	Sun Microsystems, Inc.	3	Kosaido Co., Ltd.；Original Design Co., Ltd.	1
松下电器	3	爱荷华州立大学研究基金会	1	SUPCON Group Co., Ltd.；Zhejiang University	3	东土科技	1
Myongji University Industry；Academia Cooperation Foundation	3	ITRON, Inc.	1	TDvision Corporation SA	3	Landis & Gyr	1

续表

公司名称	标准数量/项	公司名称	标准数量/项	公司名称	标准数量/项	公司名称	标准数量/项
新加坡科技研究局	2	LQ Mechatronik-Systeme GmbH	1	US Conec, Ltd.	3	Layered Media, Inc.	1
安捷伦科技	2	Lucent	1	VID SCALE, Inc.	3	Lenovo (Singapore) Pte. Ltd.	1

　　从企业标准数量情况看，高通、英特尔、诺基亚、西门子等国际集成电路生产与应用巨头位居前列，仍然掌握着集成电路产业核心的标准。

　　在集成电路领域，IEC 主要的技术委员会为 IEC TC 47/SC 47E，共发布标准 433 项，其中涉及专利的标准共 7 项。相关的必要专利披露情况见表 5-3。

表 5-3　IEC 技术委员会相关的必要专利披露情况

时间	企业名称	技术组织	IEC 标准号
2019-04-05	SOL Inc.	TC 47/SC 47E	IEC 60747-18-1
2010-02-22	Vector Dynamics Corporation	SC 47E	IEC 60747-14-4 Ed. 1. 0
2010-02-22	National Institute of Advanced Industrial Science and Technology	SC 47E	IEC 60747-14-4 Ed. 1. 0
2009-01-09	EADS France	SC 47A	IEC 62132-5 Ed. 1. 0
2003-04-30	IMV Corporation	SC 47E	IEC 60747-14-4 Ed. 1. 0
2003-04-25	日本产业技术综合研究所（AIST）	SC 47E	IEC 60747-14-4 Ed. 1. 0
2003-04-23	Akebono Brake Industry Co., Ltd.	SC 47E	IEC 60747-14-4 Ed. 1. 0

5.2　标准数据产业化分析

5.2.1　标准数据检索与整体情况

　　项目重点使用 CNKI 进行标准检索，检索关键词与专利检索一致。检索范围限定于"现行标准"，未考虑"即将实施"、"被代替"、"废止"以及"废止转行标"标准。

　　经检索，目前涉及集成电路各个产业节点的标准数据总计 825 件，其中

— 205 —

国家标准 209 件，行业标准 316 件。

5.2.2 标准发表趋势分析

　　集成电路领域自 20 世纪 70 年代便开始发表相关标准，三次发表高峰分别为 1993—1995 年、2006—2010 年、2015—2018 年。其中，2018 年发表 95 件、2016 年发表 69 件、1994 年发表 63 件，为历史上最多的三个年度，具体数据如图 5-3 所示。

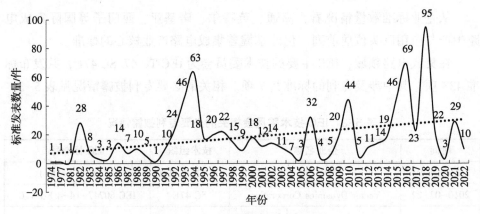

图 5-3　标准发表趋势具体数据

　　由于国家标准、行业标准，从立项到发表通常需要 1.5 年到 3 年的周期，因此近两年发表标准数量有滞后性。从 2020 年以来集成电路领域的国内整体环境来看，目前数据滞后较多，国家在产学研方面都投入了巨大的资金与政策支持，虽然从图 5-3 看，2020 年以后的数据出现了较为明显的下滑，但随着数据的陆续公开，后续数据可能改变趋势预测的结果。

5.2.3 产业链标准数量分布分析

　　本节按照前文中集成电路产业分类方式，对检索结果进行数据标引及分类，进而统计分析产业多级分类节点上每个节点的相关信息。

　　1. 芯片设计方向标准数量占比接近一半

　　从各个节点发表的标准数量上按照关键词进行检索并统计，具体数据见表 5-4。

表 5-4　按照关键词进行检索并统计的具体数据

产业位置	产业一级分类	产业二级分类	标准数量/件
上游	IC 设计	EDA 软件	0
		芯片设计	534
	材料/化学品	硅晶圆	161
		靶材	2
		抛光材料	4
		光刻胶	1
		湿电子化学品	4
		电子特种气体	2
		掩模版	13
		封装材料	3
	制造设备	氧化炉	2
		CVD/PVD	12
		光刻机	12
		涂胶/显影设备	7
		刻蚀机	14
		离子注入机	7
		抛光设备	6
		清洗设备	8
		研磨机	5
		切割机	5
		封装设备	7
		测试设备	6
中游	晶圆制造	制造工艺	160
	封装测试	封装工艺	44
		测试工艺	293

在细分节点上，各个产业环节的标准分布非常不均衡，其中芯片设计的数量最多，为 534 件；其次是测试工艺，为 293 件；排名第三的是硅晶圆，为 161 件。

在上游领域，除了硅晶圆的标准比较多，其他材料及设备的标准分布均比较少，中游的晶圆制造和封装测试相对而言标准较多。这也从一定程度上说明了我国在集成电路上游最核心的材料与设备领域，产业化规模还有较大提升空间。

2. 产业链各个节点标准布局不均衡

对产业链二级节点的布局分布统计如图5-4所示。从具体分布数据排名可以看出，芯片设计、测试工艺、硅晶圆、制造工艺环节整体标准布局数量多，而上游的制造设备属于标准布局的弱势环节，且两极分化较为严重，标准布局出现较大不均衡的情况。

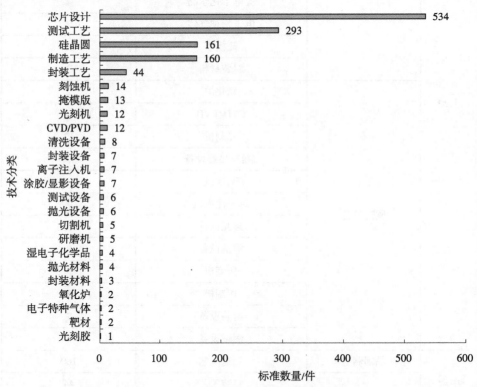

图5-4 对产业链二级节点的布局分布统计

对各级节点的布局分布统计见表5-5。

表 5-5　对各级节点的布局分布统计

产业位置	标准数量分布图	产业一级分类	标准数量分布图
上游	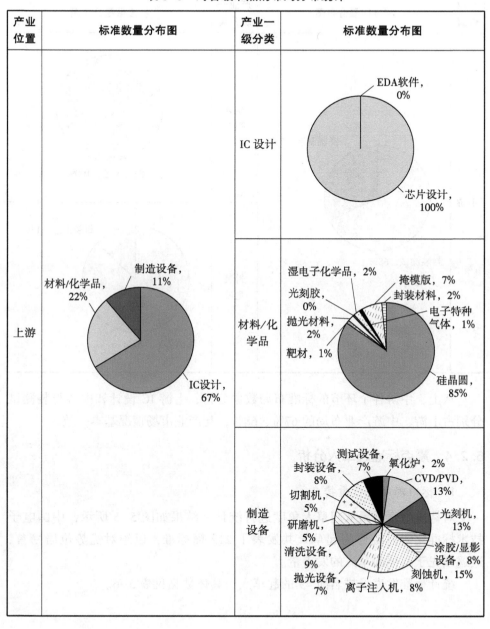	IC 设计	
		材料/化学品	
		制造设备	

产业位置	标准数量分布图	产业一级分类	标准数量分布图
中游	晶圆制造，32%　封装测试，68%	晶圆制造	制造工艺，100%
		封装测试	封装工艺，13%　测试工艺，87%

从上、中游各个环节的标准布局数据分析，上游 IC 设计和中游封装测试分别占上游、中游产业布局的 67%、68%，与产业市场情况基本一致。

5.2.4　重点标准起草人分析

1. 标准起草人数量排名

对标准检索结果从起草人角度进行统计，结果如图 5-5 所示，中国电子技术标准化研究院作为起草人共发表了 212 篇标准，以绝对优势位居榜首，遥遥领先于其他起草人的发表量。

统计标准发表量排名前 49 的起草人，具体数据见表 5-6。

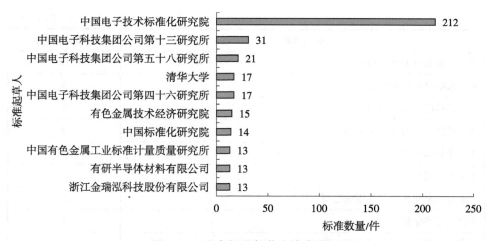

图 5-5　重点标准起草人检索结果

表 5-6　标准发表量排名前 49 的起草人

机构名称	标准数量/件
中国电子技术标准化研究院	212
中国电子科技集团公司第十三研究所	31
中国电子科技集团公司第五十八研究所	21
中国电子科技集团公司第四十六研究所	17
清华大学	17
有色金属技术经济研究院	15
中国标准化研究院	14
浙江金瑞泓科技股份有限公司	13
有研半导体材料有限公司	13
中国有色金属工业标准计量质量研究所	13
博奥生物集团有限公司	12
集成电路 IP 核标准工作组	12
浙江省硅材料质量检验中心	11
中国电子科技集团公司第五十五研究所	11
中国华晶电子集团公司	11
上海合晶硅材料有限公司	10
江苏协鑫硅材料科技发展有限公司	10
有研半导体材料股份有限公司	10

机构名称	标准数量/件
电子工业部第四十三研究所	10
浙江海纳半导体有限公司	9
南京国盛电子有限公司	9
北京机械工业自动化研究所	9
北京半导体器件五厂	9
上海元件五厂	9
工业和信息化部电子第五研究所	8
中国计量科学研究院	8
石家庄天林石无二电子有限公司	8
电子工业部第四十七研究所	8
信息产业部电子第四十三研究所	8
国营八七八厂	8
天津中环领先材料技术有限公司	7
中国电子科技集团公司第四十五研究所	7
北京智芯微电子科技有限公司	7
上海复旦微电子集团股份有限公司	7
中国科学院自动化研究所	7
北京大学	7
信息产业专用材料质量监督检验中心	7
中国电子科技集团公司第二十四研究所	6
大唐微电子技术有限公司	6
北京握奇数据系统有限公司	6
天津市环欧半导体材料技术有限公司	6
中机生产力促进中心	6
北京市医疗器械检验所	6
瑟米莱伯贸易（上海）有限公司	6
中国科学院半导体研究所	6
万向硅峰电子股份有限公司	6
苏州晶瑞化学有限公司	6

机构名称	标准数量/件
东信和平智能卡股份有限公司	6
北京华大智宝电子系统有限公司	6

从标准起草人分布情况来看，在集成电路领域，我国高校参与标准起草的较少，排名前 49 的起草人中高校仅清华大学和北京大学，其中清华大学 17 件，北京大学 7 件。

2. 标准起草人地域分布

对上述标准数据中起草人信息进行工商数据融合，进行匹配分析后统计各个地市发表标准数量信息（见表 5-7），其中，北京市以 353 件高居第一，处于绝对优势，上海以 63 件位居第二，深圳以 34 件位居第三，苏州市以 13 件位居第 11 位。

表 5-7　各个地市发表标准数量信息

序号	地市	标准数量/件
1	北京市	353
2	上海市	63
3	深圳市	34
4	宁波市	20
5	南京市	18
6	天津市	18
7	杭州市	17
8	无锡市	15
9	成都市	14
10	厦门市	14
11	苏州市	13
12	西安市	13
13	广州市	11
14	徐州市	11
15	昆明市	10
16	石家庄市	10

序号	地市	标准数量/件
17	郑州市	9
18	洛阳市	8
19	合肥市	7
20	东莞市	7
21	贵阳市	7
22	大连市	6
23	哈尔滨市	6
24	湖州市	6
25	乐山市	5
26	珠海市	5
27	长沙市	5
28	济南市	5
29	衢州市	5
30	德州市	4
31	重庆市	4
32	自贡市	4
33	武汉市	3
34	福州市	3
35	镇江市	3
36	南通市	3
37	新余市	3
38	温州市	3
39	太原市	3
40	天水市	3
41	嘉兴市	3
42	临沧市	3
43	滨州市	2
44	常州市	2
45	中山市	2
46	清远市	2

序号	地市	标准数量/件
47	襄阳市	2
48	长春市	2
49	吉林市	2
50	盐城市	2
51	锦州市	2
52	青岛市	2
53	济宁市	2
54	绍兴市	2
55	泰州市	2
56	铜陵市	2
57	宜昌市	2
58	台州市	2
59	株洲市	2
60	宜宾市	2
61	蚌埠市	1
62	佛山市	1
63	南平市	1
64	六安市	1
65	衡水市	1
66	呼和浩特市	1
67	吴忠市	1
68	濮阳市	1
69	荆州市	1
70	忻州市	1
71	韶关市	1
72	乌鲁木齐市	1
73	威海市	1
74	孝感市	1
75	烟台市	1
76	扬州市	1

续表

序号	地市	标准数量/件
77	保定市	1
78	廊坊市	1
79	曲靖市	1
80	湛江市	1
81	丽水市	1
82	银川市	1

5.2.5 产业链重点起草人

1. 各个产业链节点重点起草人统计分析

对各个产业链环节，按照标准起草量维度进行统计，得到集成电路产业链重点企事业单位数据，见表5-8。

表5-8 集成电路产业链节点重点起草人数据

产业位置	产业节点	细分节点	重点企事业单位	标准数量/件
上游	IC设计	芯片设计	中国电子技术标准化研究院	160
			中国电子科技集团公司第五十八研究所	21
			中国电子科技集团公司第十三研究所	18
			清华大学	17
			中国标准化研究院	14
			博奥生物集团有限公司	12
			集成电路IP核标准工作组	12
			电子工业部第四十三研究所	10
			北京机械工业自动化研究所	9
			北京半导体器件五厂	9
	材料/化学品	硅晶圆	中国电子技术标准化研究院	15
			中国电子科技集团公司第十三研究所	14
			中国电子科技集团公司第四十六研究所	14
			有色金属技术经济研究院	13

续表

产业位置	产业节点	细分节点	重点企事业单位	标准数量/件
上游	材料/化学品	硅晶圆	有研半导体材料有限公司	12
			浙江金瑞泓科技股份有限公司	12
			浙江省硅材料质量检验中心	11
			中国有色金属工业标准计量质量研究所	11
			江苏协鑫硅材料科技发展有限公司	10
			有研半导体材料股份有限公司	10
		靶材	有研亿金新材料有限公司	2
			宁波江丰电子材料股份有限公司	1
			宁波微泰真空技术有限公司	1
		抛光材料	中国电子技术标准化研究院	3
			国营第七九九厂	1
			中国科学院半导体研究所	1
		光刻胶	长沙韶光微电子总公司	1
			中国电子技术标准化研究院	1
		湿电子化学品	中国电子技术标准化研究院	4
			江阴润玛电子材料股份有限公司	3
			杭州格林达化学有限公司	1
		电子特种气体	信息产业电子第十一设计研究院科技工程股份有限公司	1
			西南化工研究设计院	1
			中国电子系统工程第二建设有限公司	1
		掩模版	中国科学院微电子中心	4
			中国电子技术标准化研究院	4
			长沙韶光微电子总公司	3
			国营南光机器厂	2
			深圳清溢光电股份有限公司	1
		封装材料	中国电子技术标准化研究院	2
			中国电子科技集团公司第十五研究所	1
			西安宏星电子浆料科技有限责任公司	1

产业位置	产业节点	细分节点	重点企事业单位	标准数量/件
上游	材料/化学品	封装材料	中国电子科技集团公司第五十八研究所	1
			中国科学院自动化研究所	1
	制造设备	氧化炉	中国电子科技集团公司第四十三研究所	1
			大连显像管厂	1
			中国电子科技集团公司第十三研究所	1
			中国电子科技集团公司第五十五研究所	1
		CVD/PVD	中国电子科技集团公司第四十八研究所	5
			利达光电股份有限公司	2
			有研亿金新材料有限公司	1
			国营南光机器厂标准化研究所	1
			有色金属技术经济研究院	1
		光刻机	中国电子科技集团公司第四十五研究所	2
			国营南光机器厂	2
			中国电子科技集团公司第二十六研究所	1
			中国电子科技集团公司第十四研究所	1
			中国电子科技集团公司第十三研究所	1
			上海华虹 NEC 电子有限公司	1
		涂胶/显影设备	中国电子技术标准化研究院	2
			中国电子科技集团公司第四十五研究所	2
			杭州格林达化学有限公司	1
			江阴润玛电子材料股份有限公司	1
			电子工业部半导体专用设备研究所	1
		刻蚀机	中国电子科技集团公司第四十八研究所	4
			中国电子科技集团公司第十五研究所	2
			杭州格林达化学有限公司	2
			有研半导体硅材料股份公司	1
			中国电子科技集团公司第二十九研究所	1
		离子注入机	中国电子科技集团公司第四十八研究所	2
			信息产业部专用材料质量监督检验中心	2

续表

产业位置	产业节点	细分节点	重点企事业单位	标准数量/件
上游	制造设备	离子注入机	厦门虹鹭钨钼工业有限公司	1
			中国电子技术标准化研究院	1
			中国科学院化学研究所	1
		抛光设备	中国华晶电子集团公司	2
			成都泰美克晶体技术有限公司	1
			北京石晶光电科技股份有限公司	1
			北京晨晶电子有限公司	1
			中国科学院半导体研究所	1
		清洗设备	国营华东电子管厂	4
			信息产业部电子第四十六研究所	1
			电子工业部半导体专用设备研究所	1
			中国电子技术标准化研究院	1
			七七四厂	1
		研磨机	江苏协鑫硅材料科技发展有限公司	1
			有研半导体材料股份有限公司	1
			洛阳鸿泰半导体有限公司	1
			电子工业部第十三研究所	1
			电子工业部第五十五研究所	1
		封装设备	中国电子技术标准化研究院	1
			中国电子科技集团公司第四十五研究所	1
			中国电子科技集团公司第二研究所	1
			中国电子科技集团公司第十五研究所	1
			中国科学院自动化研究所	1
		测试设备	中国电子技术标准化研究院	2
			中国电子科技集团公司第十五研究所	1
			南京国盛电子有限公司	1
			国营建中机器厂	1
			宁波立立电子股份有限公司	1

续表

产业位置	产业节点	细分节点	重点企事业单位	标准数量/件
中游	晶圆制造	制造工艺	中国电子技术标准化研究院	15
			中国电子科技集团公司第十三研究所	14
			中国电子科技集团公司第四十六研究所	14
			有色金属技术经济研究院	13
			有研半导体材料有限公司	12
			浙江金瑞泓科技股份有限公司	12
			浙江省硅材料质量检验中心	11
			中国有色金属工业标准计量质量研究所	11
			江苏协鑫硅材料科技发展有限公司	10
			有研半导体材料股份有限公司	10
	封装测试	封装工艺	中国电子技术标准化研究院	9
			中国电子科技集团公司第五十八研究所	8
			中国电子科技集团公司第十三研究所	4
			厦门永红科技有限公司	4
			北京达博有色金属焊料有限责任公司	2
			国营第八七三厂	2
			深圳市标准技术研究院	2
			有色金属技术经济研究院	2
			山东科大鼎新电子科技有限公司	2
			山东新恒汇电子科技有限公司	1
		测试工艺	中国电子技术标准化研究院	73
			中国华晶电子集团公司	11
			中国电子科技集团公司第十三研究所	9
			中国有色金属工业标准计量质量研究所	9
			中国电子科技集团公司第四十六研究所	8
			有研半导体材料股份有限公司	8
			中国计量科学研究院	7
			中国电子科技集团公司第五十八研究所	7
			上海元件五厂	7
			江苏协鑫硅材料科技发展有限公司	6

2. 中国电子技术标准化研究院联合起草人分析

对标准结果数据按照联合起草人进行统计，中国电子技术标准化研究院目前共与 127 家公司或单位在集成电路领域进行了标准起草与发表，可见作为国内电子标准研究的核心机构，中国电子技术标准化研究院为各个企业的标准制定与发布提供了大力支撑。其中，与大唐微电子、复旦微电子、智芯微、飞天诚信、中电华大、中电智能卡、东信和平智能卡、深圳市特种证件合作发表的标准数量较多。具体情况见表 5-9。

表 5-9　合作发表标准数量情况

序号	联合起草人	标准数量/件
1	大唐微电子技术有限公司	6
2	上海复旦微电子集团股份有限公司	6
3	北京智芯微电子科技有限公司	5
4	飞天诚信科技股份有限公司	5
5	北京中电华大电子设计有限责任公司	5
6	中电智能卡有限责任公司	5
7	东信和平智能卡股份有限公司	5
8	深圳市特种证件研究制作中心	5
9	中国电子科技集团公司第十三研究所	4
10	楚天龙股份有限公司	4
11	北京握奇数据系统有限公司	4
12	上海密特印制有限公司	4
13	红天智能科技（天津）有限公司	4
14	紫光同芯微电子有限公司	4
15	金邦达有限公司	4
16	北京华大智宝电子系统有限公司	4
17	中国航天科工集团第三研究院第三○四研究所	4
18	中国电子科技集团公司第五十八研究所	3
19	深圳赛西信息技术有限公司	3
20	北京眼神智能科技有限公司	3
21	厦门市三安光电科技有限公司	3
22	航天信息股份有限公司北京航天金卡分公司	3

序号	联合起草人	标准数量/件
23	中国电子科技集团公司第四十六研究所	3
24	东莞市中镓半导体科技有限公司	2
25	中国银联股份有限公司	2
26	上海高性能集成电路设计中心	2
27	北京握奇智能科技有限公司	2
28	中核控制系统工程有限公司	2
29	中国电子科技集团公司第四十三研究所	2
30	上海计算机软件技术开发中心	2
31	广州赛西标准检测研究院有限公司	2
32	浙江晶盛机电股份有限公司	1
33	中电科电子装备集团有限公司	1
34	北京北方华创微电子装备有限公司	1
35	中微半导体设备（上海）股份有限公司	1
36	上海微电子装备（集团）股份有限公司	1
37	江苏卓远半导体有限公司	1
38	通富微电子股份有限公司	1
39	天水华天科技股份有限公司	1
40	江苏长电科技股份有限公司	1
41	无锡华润安盛科技有限公司	1
42	江苏省宜兴电子器件总厂有限公司	1
43	福建闽航电子有限公司	1
44	中国电子科技集团公司第四十七研究所	1
45	中国航天科技集团有限公司第九研究院第七七二研究所	1
46	青岛凯瑞电子有限公司	1
47	深圳市施罗德工业集团有限公司	1
48	深圳眼神智能科技有限公司	1
49	上海一芯智能科技有限公司	1
50	东信和平科技股份有限公司	1
51	中国科学院自动化研究所	1
52	安徽艺标信息科技有限公司	1

续表

序号	联合起草人	标准数量/件
53	国民技术股份有限公司	1
54	广东楚天龙智能卡有限公司	1
55	北京同方微电子有限公司	1
56	上海复旦微电子集团股	1
57	四川蜀杰通用电气有限公司	1
58	中芯国际集成电路制造（上海）有限公司	1
59	深圳市中兴微电子技术有限公司	1
60	北京兆易创新科技股份有限公司	1
61	复旦大学	1
62	中兴通讯股份有限公司	1
63	西安紫光国芯半导体有限公司	1
64	武汉芯动科技有限公司	1
65	成都华微电子科技有限公司	1
66	中国电子科技集团公司第二十四研究所	1
67	中国航天科技集团公司第九研究院第七七一研究所	1
68	中国科学院电子技术研究所	1
69	中国电子科技集团公司第四十七研究所	1
70	大连佳峰自动化股份有限公司	1
71	中国航天科工集团公司第三研究院第三〇四研究所	1
72	中国电子科技集团公司第三十研究所	1
73	国家卫星海洋应用中心	1
74	中国科学院国家空间科学中心	1
75	杭州格林达化学有限公司	1
76	杭州晟元数据安全技术股份有限公司	1
77	浙江维尔科技有限公司	1
78	浙江省电子信息产品检验所	1
79	杭州指安科技股份有限公司	1
80	北京海鑫科金高科技股份有限公司	1
81	北京天诚盛业科技有限公司	1
82	北京集创北方科技股份有限公司	1

续表

序号	联合起草人	标准数量/件
83	广州广电	1
84	英利集团有限公司	1
85	江西赛维 LDK 太阳能高科技有限公司	1
86	泰州中来光电科技有限公司	1
87	晋能清洁能源科技有限公司	1
88	镇江仁德新能源科技有限公司	1
89	天津英利新能源有限公司	1
90	中国电子科技集团公司第五十八研究所	1
91	中国电子科技集团公司第五十五研究所	1
92	清华大学	1
93	华天科技（昆山）电子有限公司	1
94	中国航天科技集团第七一〇研究所	1
95	中国民用航空西南地区管理局	1
96	北京全路通信信号研究设计院集团有限公司	1
97	国家卫星气象中心	1
98	杭州浙大三色仪器有限公司	1
99	杭州产品质量监督检测研究院	1
100	浙江三色光电技术有限公司	1
101	国家灯具质量监督检验中心（中山）	1
102	三安光电股份有限公司	1
103	中国电子信息产业发展研究院	1
104	工业和信息化部软件与集成电路促进中心	1
105	公安部第一研究所	1
106	中国软件评测中心	1
107	国家信息技术安全研究中心	1
108	中国信息安全测评中心	1
109	龙芯中科技术有限公司	1
110	国防科技大学	1
111	北京大学	1
112	国家半导体器件质量监督检验中心	1

续表

序号	联合起草人	标准数量/件
113	中国电子科技集团公司第五十五研究所	1
114	中国电子产品可靠性与环境试验研究所	1
115	吉林华微电子股份有限公司	1
116	圣邦微电子（北京）股份有限公司	1
117	上海市城市建设设计研究总院	1
118	大连理工大学	1
119	上海宝信软件股份有限公司	1
120	中国科学院上海微系统与信息技术研究所	1
121	无锡物联网产业研究院	1
122	合肥工业大学	1
123	安徽建筑工业学院	1
124	上海城基中控有限公司	1
125	合肥彩虹蓝光科技有限公司	1
126	苏州纳维科技有限公司	1
127	南京大学电子科学与工程学院	1

5.2.6　标准发表技术

1. 高频关键词

如图 5-6 所示，集成电路领域标准发表技术中，测试方法、半导体集成电路、半导体器件等关键词高频出现。

图 5-6　标准发表技术高频关键词

进一步统计可得出排名前 20 的高频关键词,见表 5-10。

表 5-10 排名前 20 的高频关键词

序号	技术词语	词频
1	测试方法	190
2	半导体集成电路	168
3	测量方法	69
4	半导体器件	65
5	检查评定	60
6	集成电路	40
7	太阳能电池	35
8	集成电路卡	31
9	单晶片	30
10	混合集成电路	29
11	TTL	25
12	LS-TTL	24
13	二极管	24
14	工艺技术	23
15	电阻率	23
16	半导体分立器件	22
17	基本原理	22
18	最大直径	22
19	陶瓷封装	20
20	计算机系统	19

从高频关键词可以看出,在集成电路领域,测试方法是出现频次最高的关键词,这与我国在标准领域主要部门展开对各类产品进行产品合格、产品质量检查等核心工作有密切关系。

2. 近六年热点:硅晶圆制造、芯片设计

从 2017—2022 年集成电路领域标准发表技术关键词热点趋势图(见图 5-7 和图 5-8)可以看出,关键词趋势的变化较大,而产业节点的变化相对稳定。2017—2019 年,主要以芯片设计领域的标准为主,2020 年以后以硅晶圆领域标准为主。

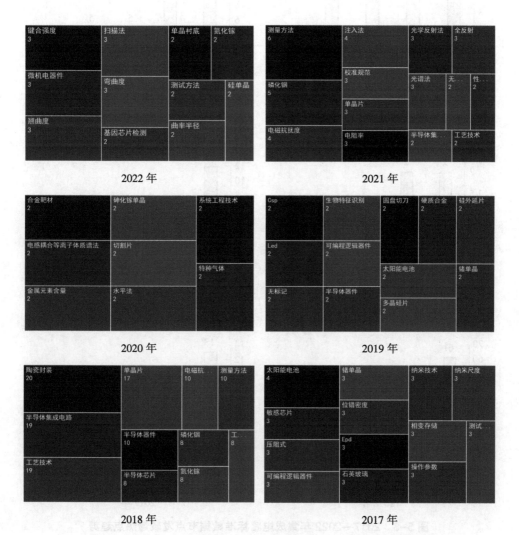

图 5-7　2017—2022 年集成电路标准发表技术关键词热点趋势

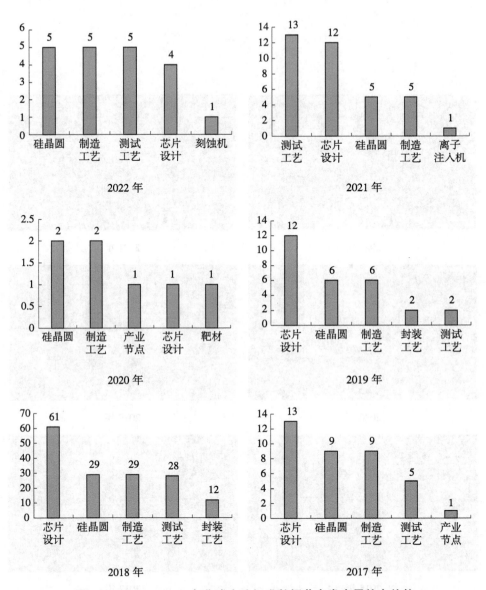

图 5-8　2017—2022 年集成电路标准数据节点发表量热点趋势

3. 苏州市标准数据分析

（1）苏州市企业及机构在集成电路及相关领域的国家或行业标准总计 13 件。根据统计分析结果，苏州市涉及国家及行业的集成电路及相关领域的标准总计 13 件，共有 9 家企业，分别是华天科技（昆山）电子有限公司、晶瑞电子材料股份有限公司、昆山双桥传感器测控技术有限公司、昆山长鹰硬质材料科技股份有限公司、苏州半导体总厂有限公司、苏州纳维科技有限公司、苏州泰思特电子科技有限公司、苏州协鑫光伏科技有限公司、中国科学院苏州纳米技术与纳米仿生研究所，具体涉及的标准数据见表 5-11。

表 5-11　苏州市企业及机构在集成电路及相关领域的国家或行业标准

标准号	GB/T 35010.4—2018
中文标准名称	半导体芯片产品第 4 部分：芯片使用者和供应商要求
发布单位名称	中华人民共和国国家质量监督检验检疫总局；中国国家标准化管理委员会
起草单位	华天科技（昆山）电子有限公司；天水七四九电子有限公司；华进半导体封装先导技术研发中心有限公司
发表时间	2018/3/15
关键词	半导体芯片
来源库	国家标准
标准号	GB/T 35010.2—2018
中文标准名称	半导体芯片产品第 2 部分：数据交换格式
发布单位名称	中华人民共和国国家质量监督检验检疫总局；中国国家标准化管理委员会
起草单位	中国电子科技集团公司第五十八研究所；中国电子技术标准化研究院；中国电子科技集团第五十五研究所；清华大学；华天科技（昆山）电子有限公司
发表时间	2018/3/15
关键词	半导体芯片；数据交换格式
来源库	国家标准
标准号	SJ/T 11487—2015
中文标准名称	半绝缘半导体晶片电阻率的无接触测量方法
发布单位名称	中华人民共和国工业和信息化部
起草单位	信息产业专用材料质量监督检验中心；工业和信息化部电子工业标准化研究院；苏州晶瑞化学有限公司；天津中环领先材料技术有限公司
发表时间	2015/4/30
关键词	半导体晶片；半绝缘砷化镓；电阻率；无接触测量
来源库	行业标准

标准号	GB/T 28856—2012
中文标准名称	硅压阻式压力敏感芯片
发布单位名称	中华人民共和国国家质量监督检验检疫总局；中国国家标准化管理委员会
起草单位	沈阳仪表科学研究院；传感器国家工程研究中心；国家仪器仪表元器件质量监督检验中心；昆山双桥传感器测控技术有限公司；大连理工大学；中国电子科技集团公司第四十九研究所；北京鑫诺金传感技术有限公司；北京瑞普恩德斯豪斯仪表有限公司；南京沃天科技有限公司；中国仪器仪表协会传感器分会；中国仪器仪表学会仪表元件分会
发表时间	2012/11/5
关键词	敏感芯片；硅压阻
来源库	国家标准
标准号	YS/T 1298—2019
中文标准名称	硬质合金圆盘切刀毛坯
发布单位名称	中华人民共和国工业和信息化部
起草单位	株洲硬质合金集团有限公司；自贡硬质合金有限责任公司；昆山长鹰硬质合金有限公司；有色金属技术经济研究院
发表时间	2019/8/2
关键词	圆盘切刀；硬质合金
来源库	行业标准
标准号	SJ 20072—1992
中文标准名称	半导体分立器件 GH24、GH25 和 GH26 型半导体光耦合器详细规范
发布单位名称	中国电子工业总公司
起草单位	苏州半导体总厂
发表时间	1992/11/19
关键词	半导体分立器件；光耦合器
来源库	行业标准
标准号	GB/T 41751—2022
中文标准名称	氮化镓单晶衬底片晶面曲率半径测试方法
发布单位名称	国家市场监督管理总局；国家标准化管理委员会
起草单位	中国科学院苏州纳米技术与纳米仿生研究所；苏州纳维科技有限公司；中国电子科技集团公司第四十六研究所；哈尔滨奥瑞德光电技术有限公司；厦门柯誉尔科技有限公司；山西华晶恒基新材料有限公司；福建兆元光电有限公司
发表时间	2022/10/12

续表

关键词	单晶衬底；氮化镓；测试方法；曲率半径
来源库	国家标准
标准号	GB/T 37053—2018
中文标准名称	氮化镓外延片及衬底片通用规范
发布单位名称	国家市场监督管理总局；中国国家标准化管理委员会
起草单位	东莞市中镓半导体科技有限公司；合肥彩虹蓝光科技有限公司；苏州纳维科技有限公司；南京大学电子科学与工程学院；中国电子技术标准化研究院
发表时间	2018/12/28
关键词	氮化镓；外延片
来源库	国家标准
标准号	SJ 21473.6—2021
中文标准名称	军用集成电路电磁抗扰度测量方法第 6 部分：脉冲抗扰度测量–同步瞬态注入法
发布单位名称	国家国防科技工业局
起草单位	工业和信息化部电子第四研究院；扬芯科技（深圳）有限公司；苏州泰思特电子科技有限公司；北京智芯微电子科技有限公司；南京容测检测技术有限公司；中国家用电器研究院；中国汽车工程研究院股份有限公司；广州市诚臻电子科技有限公司；浙江诺益科技有限公司；国防科技大学；工业和信息化部电子第五研究所；北京芯可鉴科技有限公司
发表时间	2021/12/27
关键词	电磁抗扰度；注入法；测量方法
来源库	行业标准
标准号	GB/T 29055—2019
中文标准名称	太阳能电池用多晶硅片
发布单位名称	国家市场监督管理总局；中国国家标准化管理委员会
起草单位	江苏协鑫硅材料科技发展有限公司；镇江仁德新能源科技有限公司；江西赛维 LDK 太阳能高科技有限公司；宜昌南玻硅材料有限公司；有色金属技术经济研究院；扬州荣德新能源科技有限公司；苏州协鑫光伏科技有限公司；英利能源（中国）有限公司
发表时间	2019/6/4
关键词	太阳能电池；多晶硅片
来源库	国家标准

标准号	GB/T 26071—2018
中文标准名称	太阳能电池用硅单晶片
发布单位名称	国家市场监督管理总局；中国国家标准化管理委员会
起草单位	浙江省硅材料质量检验中心；有研半导体材料有限公司；泰州隆基乐叶光伏科技有限公司；苏州协鑫光伏科技有限公司；隆基绿能科技股份有限公司；内蒙古中环光伏材料有限公司；宜昌南玻硅材料有限公司；有色金属技术经济研究院
发表时间	2018/9/17
关键词	硅单晶片；太阳能电池
来源库	国家标准
标准号	GB/T 41751—2022
中文标准名称	氮化镓单晶衬底片晶面曲率半径测试方法
发布单位名称	国家市场监督管理总局；国家标准化管理委员会
起草单位	中国科学院苏州纳米技术与纳米仿生研究所；苏州纳维科技有限公司；中国电子科技集团公司第四十六研究所；哈尔滨奥瑞德光电技术有限公司；厦门柯誉尔科技有限公司；山西华晶恒基新材料有限公司；福建兆元光电有限公司
发表时间	2022/10/12
关键词	单晶衬底；氮化镓；测试方法；曲率半径
来源库	国家标准
标准号	SJ/T 11489—2015
中文标准名称	低位错密度磷化铟抛光片蚀坑密度的测量方法
发布单位名称	中华人民共和国工业和信息化部
起草单位	信息产业专用材料质量监督检验中心；工业和信息化部电子工业标准化研究院；苏州晶瑞化学有限公司；天津中环领先材料技术有限公司
发表时间	2015/4/30
关键词	磷化铟；位错密度；抛光片；测量方法；EPD
来源库	行业标准

（2）涉及标准的部分企业情况详细介绍。涉及标准的部分企业情况见表5-12。

表 5-12　涉及标准的部分企业情况

企业名称	企业官网	企业简介	主要产品
昆山双桥传感器测控技术有限公司	http:// www. ffsqsensor. ffcom/	昆山双桥传感器测控技术有限公司是中国科学院昆山高科技产业园、国家火炬计划昆山传感器产业基地核心骨干企业，成立于 2001 年，注册资产 600 万元，现总资产近 1320 万元。公司以 MEMS 压阻压力传感器为主导产品，兼及其他相关传感器、变送器，自控仪表及系统的开发、生产与销售。公司 2020 年被评为江苏省高新技术企业，2008 年被评为昆山市首批 33 家通过复审的高新技术企业。公司于 2002 年通过了 ISO9001：2008 年标准质量管理体系的认证，公司先后被评为苏州市百强民营企业、全国民营科技企业创新奖、江苏省质量信得过企业、昆山市科技研发中心、昆山市十佳高新技术企业；先后获得国家技术发明二等奖、国家发明专利优秀奖、教育部科技进步一等奖、中国仪器仪表学会科技成果奖、石油化工协会科技发明一等奖、中国电子学会电子信息科学技术三等奖、苏州市科技发明二等奖、苏州市科技进步三等奖、苏州市十大优秀专利奖、苏州市名牌产品等荣誉十余项。 　　双桥公司是国内最早开展 MEMS 技术压力传感器研究的几家单位之一，是国内坚持从 MEMS 力敏芯片的设计、制造做起的较少的几个之一，因而具有自主知识产权，以高、特、难、新 MEMS 压力传感器为企业的发展方向。公司现有员工 50 多人，研究生 4 人，大专以上文化者 36 人，具有 10 年以上传感器开发经验的高级技术人员 6 人，其中国家级人才 2 人，省级人才 2 人，从事研究开发的技术人员 17 人。 　　双桥传感器公司先后参与和承担了国家 863 高技术研究发展重大专项、国家中小企业科技创新基金项目、江苏省高技术研究项目、苏州市科技攻关项目、昆山市科技攻关项目等国家、省、市各级科技项目 10 余项次。公司现拥有省高新技术产品 10 项、已授权发明专利 15 项，实用新型专利 7 项，软件著作权 3 项；申请并受理专利总计 30 项、发明专利 21 项，其中国防发明专利 2 项。	高频动态压力传感器 微型、薄型动态压力传感器 中高温压力传感器 土应力及风荷载传感器 绝对压力及真空度传感器 通用压力传感器 高精度差压及微差压传感器

企业名称	企业官网	企业简介	主要产品
苏州纳维科技有限公司	http://www.nanowin.com.cn/	苏州纳维创办以来,在江苏省重大成果转化项目、苏州市各级人才项目的支持下,经过10年攻关,完成了从材料生长设备的自主研发到GaN单晶衬底生长制备的完整工艺开发,2英寸GaN单晶衬底的位错密度降低到10^4 cm^2,达到世界先进水平,其间相继得到科技部863项目和国家发改委产业化示范项目的支持;近两年完成了4英寸和6英寸GaN单晶衬底的关键技术研发。目前GaN单晶衬底产品已经提供给500余家客户使用,基本完成了对研发市场的占领,且正在提升产能向企业应用市场发展,重点突破方向是蓝绿光半导体激光器、高功率电力电子器件、高可靠性高功率微波器件等重大领域。申报相关核心专利近百余项,在各类重要国际学术会议和产业论坛上做邀请报告百余次。苏州纳维受到产业界和国际同行的广泛关注。	4英寸自支撑氮化镓晶片 2英寸自支撑氮化镓晶片 定制尺寸自支撑氮化镓晶片 非极性/半极性氮化镓自支撑晶片 2~6英寸氮化镓厚膜晶片 2~4英寸氮化铝厚膜晶片
苏州泰思特电子科技有限公司	http://www.3ctest.cn/	苏州泰思特电子科技有限公司创建于2004年,位于国家级开发区苏州高新区。公司自成立以来致力于电磁兼容(Electromagnetic Compatibility)测试仪器及复杂电磁环境效应(Electromagnetic Environment Effect)试验测试技术的研究和新产品开发,是一家集研发、生产、销售和服务于一体的高新技术企业。 科学创新,掌握核心技术。公司拥有专业的研发团队,并吸引了各方人才及外籍专家的加盟,通过产学研合作及国际交流,更具有广阔的视野,指导了公司前进的方向。公司先后获批苏州市电磁兼容应用工程技术研究中心、国家级博士后科研工作站、江苏省企业研究生工作站、苏州市企业技术中心、江苏省电磁环境效应试验系统工程技术研究中心;公司还建有标准法规研究室,积极参与EMC相关的国家标准的制定和贯标活动,先后参与了42项国家标准起草编制,出版了2部专著;每年度在全国各地巡回举办各种形式的、公益性质的EMC专题研讨会,尽已所能积极推动EMC技术的推广与应用。 专注品质,专业服务。公司在苏州本部建有专业的EMC和雷电测试实验室,在北京、深圳、成都、西安设有办事处,技术支持和服务覆盖国内主要区域,使客户更能亲临现场体验具有国际先进技术的测试设备。通过十多年的发展和沉淀,公司累计客户达5000多家,产品广泛应用于电力系统、自动化控制、仪器仪表、消费电子、汽车电子、通信、安防监控、照明、医疗器械、新能源、航空电子设备和军工部门等企业、EMC检测认证机构及科研院所,产品已经陆续销往欧洲、美国和东南亚地区。在行业内,泰思特公司已发展成为国内外具有规模和影响力的专业厂商之一。	EMC测试设备 EMC通用测试设备 汽车EMC测试设备 军用测试设备 雷电效应测试设备 系统集成 高压测试设备 安规测试设备 定制设备 代理设备

企业名称	企业官网	企业简介	主要产品
中国科学院苏州纳米技术与纳米仿生研究所	http://www.sinano.cas.cn	研究所利用纳米材料的特殊性能,研发高效的能源转换与存储技术。在聚焦的器件——光伏器件和锂电池体系中,一个共同的科学问题是纳米尺度的界面形貌、化学结构和能级排布如何影响电荷输运,进而决定器件的性能。因此,研究大致可以归纳为光伏、锂电、界面三个方向,其中的界面研究特别强调在器件工作状态下对载流子迁移的微观表征。	锂电光伏界面

5.3　专利与标准综合分析

5.3.1　重点产业分支标准与专利匹配度分析

　　将国内标准数据与专利数据在各个产业件上进行细分对比,可以看出在单位专利数量上对应的标准数量的关系,从而有利于进一步探查在专利技术转化与产业标准化生产中的相互关系。从表 5-13 的统计数据可以看出,我国在集成电路各个产业节点的专利数据与标准数据关系中,存在以下数据特点:

　　(1) EDA 软件、光刻胶、封装材料、封装设备单位专利标准产出率低。

　　(2) 芯片设计、硅晶圆、刻蚀机、测试工艺单位专利标准产出率高。

表 5-13　我国集成电路各产业节点专利数与标准数量的对比情况

产业位置	产业一级分类	产业二级分类	标准数量/件	中国专利数量/件	每千件专利/标准数量
上游	IC 设计	EDA 软件	0	2893	0.0
		芯片设计	534	74231	7.2
	材料/化学品	硅晶圆	161	19496	8.3
		靶材	2	5549	0.4
		抛光材料	4	7054	0.6
		光刻胶	1	3219	0.3
		湿电子化学品	4	5413	0.7
		电子特种气体	2	683	2.9

产业位置	产业一级分类	产业二级分类	标准数量/件	中国专利数量/件	每千件专利/标准数量
上游	材料/化学品	掩模版	13	32489	0.4
		封装材料	3	7403	0.4
	制造设备	氧化炉	2	1988	1.0
		CVD/PVD	12	7534	1.6
		光刻机	12	4497	2.7
		涂胶/显影设备	7	14758	0.5
		刻蚀机	14	1580	8.9
		离子注入机	7	7265	1.0
		抛光设备	6	3900	1.5
		清洗设备	8	5850	1.4
		研磨机	5	3446	1.5
		切割机	5	2927	1.7
		封装设备	7	115596	0.1
		测试设备	6	4318	1.4
中游	晶圆制造	制造工艺	160	85438	1.9
	封装测试	封装工艺	44	37897	1.2
		测试工艺	293	8397	34.9

5.3.2 典型标准与专利的技术点覆盖度分析

本小节将从集成电路中标准与专利交合度最高的测试工艺节点出发,深度分析标准与专利的技术点覆盖度。

对标准样本数据进行分析,得到关键词分类,见表5-14。

表5-14 关键词分类

分类	关键词
集成电路器件或测试对象	半导体集成电路
	集成电路
	半导体分立器件
	半导体发光器件

分类	关键词
集成电路器件或测试对象	半导体发光二极管
	半导体激光器
	二极管
	双极型晶体管
	三极管
	小功率晶体管
	功率开关晶体管
	NPN
	PNP
	单晶片
	硅单晶片
	硅外延
	半绝缘砷化镓
	砷化镓
	非本征半导体
	异质结界面
	混合集成电路
	数字集成电路
测试方法或原理	扫描法
	光电子能谱
	光谱法
	光辐射安全
	温度系数
	位错密度
	纳米技术
	光致发光
	一致性检验
	光敏二极管
	光敏三极管

分类	关键词
测试方法或原理	光通量
	电阻浆料
	电阻率
	饱和压降
	反向击穿电压
	反向电流
	正向电压
	正向电流
	饱和输出功率
	红外发射
	全反射
	平整度
	增益平坦度
	幅度一致性
	电压比较器
	增益平坦度
	插入损耗

对专利样本数据进行分析，得到关键词分类，见表 5-15。

表 5-15 关键词分类

分类	关键词
集成电路器件或测试对象	集成电路
	半导体集成电路
	太阳能电池片
	磁电子器件
	颗粒检测
	抛光盘
	晶圆测试
	污染物分析

分类	关键词
	隔震元件
	半导体衬底
	光检测元件
	三维存储器
	二维材料
	单光子雪崩二极管
	测控晶片
	灭弧电阻
	衬底基板
	二极管器件
	半导体管芯
	裸芯片
	标准电池片
	直接键合
集成电路器件或测试对象	半导体器件
	可靠性分析
	阵列基板
	显示基板
	显示背板
	显示区域
	耦合膜
	磁检测元件
	压电传感器
	磁性体
	磁阻效应元件
	检查体
	微通道换热器
	光伏组件串
	中心转盘

分类	关键词
集成电路器件或测试对象	工艺门
	光检测器
	晶圆
	光伏焊带
	扩散硅片
	太阳能硅片
测试方法及原理	缺陷检测方法
	图形检测方法
	异常检测
	温度检测方法
	失效检测
	缺陷检查
	光检测
	光学检测
	相位检测
	接触电阻率
	电压衬度
	少子寿命
	方块电阻
	刻蚀工艺
	电流检测
	分离区域
	失效分析方法
	栅氧化层
	测试电路
	发光二极管测试
	放射线检测
	光电检测
	芯片测试

续表

分类	关键词
测试方法及原理	测试分选
	检测机
	输送容器
	真空吸附
	电机反馈
	断线检测
	转速检测
	自动检测

对于标准数据与专利数据在检测对象与检测方法上进行词语的语义分析，得到两者同时覆盖的关键词，见表 5-16。

表 5-16　关键词分类

分类	关键词	专利覆盖度/%	标准覆盖度/%
集成电路器件或测试对象	集成电路	16	32
	二极管器件		
	晶圆测试		
	光检测元件		
	半导体器件		
	扩散硅片		
	显示区域		
测试方法及原理	光电检测	23	25
	温度检测方法		
	电阻率		
	电流检测		
	光学检测		
	相位检测		
	自动检测		

通过对上述内容进行详细分析，可以初步得到以下结论：

（1）标准与专利涉及的技术方向，在元器件和测试对象领域，上位的技术方向覆盖度相对一致，细化的技术方向覆盖度相对不足。

（2）在共同覆盖的技术方向上，集成电路器件或测试对象方向，相同或相近技术关键词在专利上的覆盖度为16%，在标准上的覆盖度为32%；而在测试方法及原理方向上，关键词在专利上的覆盖度为23%，在标准上的覆盖度为25%。可见，标准技术方向更为集中，专利技术方向更为宽泛。

5.3.3 典型技术方向的标准与专利应用差异化分析

本节将从集成电路中标准与专利交合度最高的测试工艺节点出发，深度分析标准与专利的标准技术参数与专利技术应用之间的差异。

1. GB/T 35007—2018标准与CN115932537A号专利对比分析

（1）GB/T 35007—2018标准分析

①标准相关基础信息。对GB/T 35007—2018标准进行分析，其核心内容见表5-17。

表5-17　GB/T 35007—2018标准相关基础信息

标准号	GB/T 35007—2018
中文标准名称	半导体集成电路；低电压差分信号电路测试方法
发布单位名称	中华人民共和国国家质量监督检验检疫总局；中国国家标准化管理委员会
起草单位	成都振芯科技股份有限公司；工业和信息化部电子工业标准化研究院；工业和信息化部电子第五研究所；深圳市国微电子有限公司；深圳市众志联合电子有限公司；中国电子科技集团公司第二十九研究所
发表时间	2018-03-15
关键词	电路测试；半导体集成电路；低电压差分信号
来源库	国家标准

②对于标准涉及专利的免责说明。标准在前言部分提及："请注意本文件的某些内容可能涉及专利。本文件的发布机构不承担识别这些专利的责任。"

③标准涉及的主要内容。标准涉及的主要内容包括静态参数测试和动态参数测试。

④标准涉及的具体方法。本标准具体的测试方法主要涉及以下几方面内容：

A. 测试目的：测试输入端的最小差分电压的值，以反映器件输入端的电平识别能力。

　　B. 测试原理如图 5-9 所示。

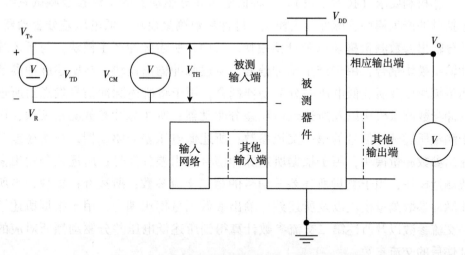

图 5-9　输入高电平阈值电压 V_{TH} 测试原理图

　　C. 测试条件：环境温度或参考点温度；电源电压；输入端施加的共模电压；输入端施加的差分电压；输出端电压或输出状态。

　　D. 测试程序：a. 将被测器件接入测试系统中；b. 在电源端施加规定的电压 V_{OP}；c. 在其他输入端和输出端施加规定的条件；d. 在被测输入端施加规定的共模电压 V_{CM}；e. 调节被测输入端的差分电压 V，使输出端电压 V 为规定高电平电压时的最小差分电压即输入高电平阈值电压 V_R；f. 多通道器件按 c~e 的规定，测试各对应被测输入端。

　　（2）CN115932537A 号专利分析

　　从专利数据中，检索得到与低电压差分信号检测相关的 CN115932537A 号专利"一种低电压差分驱动器的交流参数测试系统及方法"，对其进行分析，其权利要求主要包括以下几方面核心内容。

　　①背景技术。集成电路测试标准（或器件手册）中对交流参数测试的一般要求是：对于传输延迟类参数，要求以输入信号变化到 50% V_{IN} 电压为起始点，测量到输出信号变化为 $(V_{OL}+V_{OH})$ /2 为止；对于上升（下降）时间，要求测量输出电压从 20% 上升到 80% 的（80% 下降到 20%）的时间。

　　②技术问题。针对现有技术中交流参数测试方案无法满足实际需求的情况，本申请提供了一种低电压差分驱动器的交流参数测试系统及方法，本申

请实施例所提供的方案，在对低电压差分驱动器对应的交流参数进行测量时，引入补偿模块。

③权利要求（技术手段）。一种低电压差分驱动器的交流参数测试系统，包括脉冲产生模块、脉冲输出模块、脉冲参数测量模块、低电压差分驱动器、差分输出参数测量模块以及补偿模块。其中，所述脉冲产生模块，与所述脉冲输出模块耦合，用于产生脉冲信号；所述脉冲输出模块，与所述脉冲参数测量模块以及所述低电压差分驱动器耦合，用于将所述脉冲信号发送给所述脉冲参数测量模块以及所述低电压差分驱动器；所述脉冲参数测量模块，用于测量所述脉冲信号的第一交流参数；所述低电压差分驱动器，与所述差分输出参数测量模块，用于根据所述脉冲信号输出差分信号；所述差分输出参数测量模块，用于测量所述差分信号的第二交流参数；所述补偿模块，与所述脉冲参数测量模块以及所述差分输出参数测量模块耦合，用于根据所述第一交流参数以及所述第二交流参数计算得到所述低电压差分驱动器所对应的补偿后的交流参数。

④技术效果。与现有技术相比，本申请实施例所提供的方案至少具有如下有益效果：

首先，本申请实施例所提供的方案，在对低电压差分驱动器对应的交流参数进行测量时，引入补偿模块。通过补偿模块来对低电压差分驱动器对应的交流参数测试结果进行补偿，有效解决了输入信号50%跳变时间所带来的测试误差。另外，相比直接使用ATE仪表中的TMU、TIA测试低电压差分驱动器的交流参数，本申请实施例的测试结果更符合产品手册测试要求，测试结果更准确。

其次，本申请实施例所提供的方案，在对低电压差分驱动器的输出交流参数测量时，采用在低电压差分驱动器的差分输出端口连接直流参数测量子模块以及交流参数测量子模块，通过直流参数测量子模块输出信号的直流参数来计算交流参数测量子模块输出信号的交流参数的参考电压。即采用直流参数的测试结果对交流参数测试条件进行针对性设置，有效解决了低电压差分驱动器不同通道（差分输出端口）间的测试一致性与稳定性问题。

（3）本案例标准和专利的差异分析

从上述相关的专利和标准分析结论可以看出，标准和专利在内容层面存在一定的差异性，具体分析如下：

①标准更注重普适性的测试环境，而专利更注重在标准基础之上的改进

或者在具体工程应用时的测试技术改进。

②标准更注重测试方法整体方法的概述，旨在让行业人员在进行相关作业时能够有据可依，而专利更加强调个体性的应用，追求私有性、排他性和专有性，旨在保护专利发明人的独占权，使其能够从其创造中获得回报，并能重新投入研究和开发。

③标准更注重基础原理的阐述，专利更注重工程应用的改进。

2．GB/T 36477—2018 标准与 CN108665942A 号专利对比分析

（1）GB/T 36477—2018 标准分析

①标准相关基础信息。见表 5-18。

表 5-18　GB/T 36477—2018 标准相关基础信息

标准号	GB/T 36477—2018
中文标准名称	半导体集成电路　快闪存储器测试方法
发布单位名称	国家市场监督管理总局；中国国家标准化管理委员会
起草单位	中国电子技术标准化研究院；中芯国际集成电路制造（上海）有限公司；上海复旦微电子集团股份有限公司；深圳市中兴微电子技术有限公司；北京兆易创新科技股份有限公司；复旦大学；中兴通讯股份有限公司
发表时间	2018-06-07
关键词	快闪存储器；测试方法；半导体集成电路
来源库	国家标准

②标准涉及的主要内容。经过检索，本标准的起草人之一北京兆易创新性地围绕本标准中第 5.13 节"存储单元 0 变 1 功能"有关专利来布局，因此本小节在分析标准涉及的内容时主要围绕本标准第 5.13 节的内容进行分析。

③标准目的。在规定条件下，测试快闪存储器存储单元从数据 1 改写成数据 0 的功能是否正确。

④测试原理。使用连接器或线缆将被测电路按图 5-10 的方式进行连接，调整电源电压到规定值。输入驱动网络、其他输入条件及输出负载网络应符合规定。

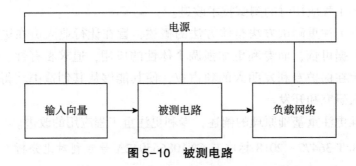

图 5-10　被测电路

⑤标准涉及的具体方法。具体方法主要涉及以下方面：A. 温度调整到规定值，并在测试前后立即检查测试对象应为存储器中对用户开放空间的所有数据位，应确保所有数据位的初始状态为 1；B. 应根据相关规定的用户模式启动写操作，保证所有数据位能改写成 0；C. 写操作不能用诸如内建自测试之类的非用户模式来进行；D. 对任何数据位是否能正常地被改写成 0 应该进行校验；E. 校验应使用相关规定的用户模式来进行，而不能用诸如内建自测试之类的非用户模式来进行校验。

（2）CN108665942A 号专利分析

从专利数据中，检索得到与低电压差分信号检测相关的 CN108665942A 号专利 "一种 NAND 闪存芯片的测试方法及设备" 并对其进行分析，其权利要求主要包括以下几方面核心内容：

①背景技术及技术问题。NAND 闪存芯片出厂后都要通过测试来确定其基本的性能，以确定是否符合实际使用的需求，通常分为参数测试和读写擦操作的测试。参数测试包括芯片中的电压测试、温度测试或工作模式测试等，读写擦操作测试的目的是了解芯片的读写擦操作性能。这些测试通常都需要很长时间，因此，如何节约测试的时间、提高测试的效率成为目前亟待解决的问题。

②权利要求（技术手段）。

A. 权利要求：一种 NAND 闪存芯片的测试方法其特征包括：接收参数测试指令，根据该参数测试指令对 NAND 闪存芯片中的选定数据块进行参数测试；在所述参数测试的过程中接收编程擦除循环衰减的测试指令，根据该编程擦除循环衰减的测试指令，对所述 NAND 闪存芯片中除所述选定数据块以外的数据块进行编程擦除循环衰减的测试。

B. 实施例：由于 NAND 闪存芯片自身的特点，只能将存储单元内的数据从 "1" 写成 "0"，而不能从 "0" 写成 "1"，若想实现从 "0" 到 "1" 的操作，只能把整个数据块中的所有存储单元的数据擦除，而擦除操作需要花费大量的时间。其中，将存储单元的数据从"1"写成"0"的过程，就是对浮置栅极注入电荷的过程，如果要写入的数据就是"1"，则可以不对该存储单元的浮置栅极注入电荷。把整个数据块中的所有存储单元的数据擦除的过程，就是对存储单元内的浮置栅极电荷导出的过程。在完成写操作后，由于控制栅极在读取数据的过程中施加的电压较小或者根本不施加电压，不足以改变浮置栅极中原有的电荷量，所以读写擦操作不会改变 NAND 闪存芯片中存储器单元原有的数据。

③技术效果。本发明实施例通过在进行参数测试的同时，对 NAND 闪存芯片中不同的数据块进行编程擦除循环衰减测试，解决了现有技术中测试时间长、效率低的问题，实现了提高 NAND 闪存芯片测试效率的目的。

（3）本案例标准和专利的差异分析

从上述相关的专利和标准分析结论可以看出，标准和专利在内容层面存在一定的差异性，具体分析如下：

①目标不同：本标准主要针对"存储单元 0 变 1 功能"测试，给出最基本的要求与规范，而本专利则是从"存储单元 0 变 1 功能"测试中更为详细的技术细节出发，解决如何提高测试效率的问题；

②手段不同：标准给出了针对快闪测试这一技术领域的多种方法和方式，以供产业生产制造主题参考与规范，而专利则是在标准的基础上，给出了针对标准技术手段的技术改进，以期达到比标准更好的技术效果。

第6章
研究结论与规划建议

6.1 重点结论

6.1.1 苏州市产业地图

通过专利数据与标准数据可以看出，苏州市在全国专利及标准领域的产业位置，处于全国前列。

苏州市在集成电路产业中各个环节的专利布局优势明显。

苏州市在集成电路产业中各个环节的标准布局相对偏弱。

6.1.2 苏州市优势企业

（1）专利优势企业

根据"专利主要申请人分析"章节的分析结论，苏州市各区县的专利优势企业名单见前文表2-2。

（2）标准优势企业

根据"涉及标准的部分企业情况详细介绍"章节的分析结论，苏州市的标准优势企业名单见前文表5-12。

6.1.3 苏州市集成电路产业创新发展路线图

（1）招商引资名录表

专利优势企业产业链精准招商名单见前文表3-10。

标准优势企业产业链精准招商名单见前文表5-8。

（2）协同创新名录表

协同创新名录见表6-1。

表 6-1　协同创新名录

产业链节点			创新主体类型	所在地市
上游	IC 设计	EDA	中国科学院微电子研究所	北京市
			复旦大学	上海市
			清华大学	北京市
			西安电子科技大学	西安市
			天津大学	天津市
		芯片设计	中国科学院微电子研究所	北京市
			北京大学	北京市
			电子科技大学	成都市
			复旦大学	上海市
			西安电子科技大学	西安市
	材料/化学品	硅晶圆	浙江大学	杭州市
			清华大学	北京市
			上海交通大学	上海市
			哈尔滨工业大学	哈尔滨市
			复旦大学	上海市
		靶材	吉林大学	长春市
			浙江大学	杭州市
			北京科技大学	北京市
			复旦大学	上海市
			上海交通大学	上海市
		抛光材料	清华大学	北京市
			北京科技大学	北京市
			中国科学院上海微系统与信息技术研究所	上海市
			吉林大学	长春市
			浙江工业大学	杭州市
		光刻胶	中国科学院微电子研究所	北京市
			清华大学	北京市
			中国科学院上海光学精密机械研究所	上海市
			中国科学院光电技术研究所	成都市
			上海交通大学	上海市

续表

产业链节点			创新主体类型	所在地市
上游	材料/化学品	湿电子化学品	中国科学院大连化学物理研究所	大连市
			中国科学院上海微系统与信息技术研究所	上海市
			清华大学	北京市
			中国科学院化学研究所	北京市
			东南大学	南京市
		电子特种气体	天津大学	天津市
			中国科学院大连化学物理研究所	大连市
			浙江大学	杭州市
			中国科学院福建物质结构研究所	福州市
			云南民族大学	昆明市
		掩模版	中国科学院微电子研究所	北京市
			西安电子科技大学	西安市
			北京大学	北京市
			电子科技大学	成都市
			中国科学院半导体研究所	北京市
		封装材料	深圳先进电子材料国际创新研究院	深圳市
			中国科学院化学研究所	北京市
			中国科学院深圳先进技术研究院	深圳市
			华南理工大学	广州市
			中国科学院大连化学物理研究所	大连市
	制造设备	氧化炉	浙江大学	杭州市
			清华大学	北京市
			北京工业大学	北京市
			山东建筑大学	济南市
			西安电子科技大学	西安市
		CVD/PVD	中国科学院半导体研究所	北京市
			中国科学院微电子研究所	北京市
			华中科技大学	武汉市
			中国电子科技集团公司第四十八研究所	长沙市
			北京师范大学	北京市

续表

产业链节点			创新主体类型	所在地市
上游	制造设备	光刻机	中国科学院光电技术研究所	成都市
			中国科学院上海光学精密机械研究所	上海市
			清华大学	北京市
			浙江大学	杭州市
			哈尔滨工业大学	哈尔滨市
		涂胶/显影设备	中国科学院微电子研究所	北京市
			长春工业大学	长春市
			中国科学院上海光学精密机械研究所	上海市
			中国科学院光电技术研究所	成都市
			中国科学院长春光学精密机械与物理研究所	长春市
		刻蚀机	中国科学院微电子研究所	北京市
			中国电子科技集团公司第十三研究所	石家庄市
			上海大学	上海市
			武汉大学	武汉市
			中国科学技术大学	合肥市
		离子注入机	中国科学院微电子研究所	北京市
			中国电子科技集团公司第四十八研究所	长沙市
			清华大学	北京市
			电子科技大学	成都市
			中国科学院上海微系统与信息技术研究所	上海市
		抛光设备	清华大学	北京市
			中国科学院微电子研究所	北京市
			大连理工大学	大连市
			北京半导体专用设备研究所（中国电子科技集团公司第四十五研究所）	北京市
			河北工业大学	天津市
		清洗设备	中国科学院微电子研究所	北京市
			北京半导体专用设备研究所（中国电子科技集团公司第四十五研究所）	北京市

产业链节点			创新主体类型	所在地市
上游	制造设备	清洗设备	清华大学	北京市
			河北工业大学	天津市
			中国电子科技集团公司第四十五研究所	北京市
		研磨机	中国科学院微电子研究所	北京市
			青岛大学	青岛市
			清华大学	北京市
			中国电子科技集团公司第四十五研究所	北京市
			北京航空航天大学	北京市
		切割机	上海市激光技术研究所	上海市
			华南理工大学广州学院	广州市
			常州机电职业技术学院	常州市
			上海大学（浙江·嘉兴）新兴产业研究院	嘉兴市
			北京半导体专用设备研究所（中国电子科技集团公司第四十五研究所）	北京市
		封装设备	浙江大学	杭州市
			杭州电子科技大学	杭州市
			中国科学院微电子研究所	北京市
			电子科技大学	成都市
			华南理工大学	广州市
		测试设备	清华大学	北京市
			中国科学院微电子研究所	北京市
			中国科学院半导体研究所	北京市
			南京理工大学	南京市
			电子科技大学	成都市
中游	晶圆制造	制造工艺	中国科学院微电子研究所	北京市
			电子科技大学	成都市
			中国科学院半导体研究所	北京市
			中国科学院上海微系统与信息技术研究所	上海市
			北京大学	北京市

续表

产业链节点		创新主体类型	所在地市
中游	封装测试	中国科学院半导体研究所	北京市
		中国科学院微电子研究所	北京市
		电子科技大学	成都市
		中国科学院上海微系统与信息技术研究所	上海市
		清华大学	北京市
		中国科学院微电子研究所	北京市
		清华大学	北京市
		北京大学	北京市
		西安电子科技大学	西安市
		中国科学院上海微系统与信息技术研究所	上海市

（封装工艺 / 测试工艺）

6.2　规划建议

6.2.1　产业布局结构优化

1. 强化材料/化学品产业环节优势，加速国产替代企业培育

我国在全球半导体产业中面临"卡脖子"的技术难题，国内厂商积极布局半导体各个领域，其中就涉及半导体行业所需材料/化学品板块。

从半导体原材料到转化为各式各样的集成电路或者分立器件，其转化过程利用了几百种复杂程度不同的化学反应。在半导体的制造工业中，芯片制造首先是一种化学工艺，其次需要大量的特殊材料和化学品。

而苏州市在集成电路材料/化学品环节的发展，形成了一系列优势技术企业以及核心技术布局，在靶材、光刻胶等重要生产要素环节形成了一定的产业优势基础。

靶材方面，苏州市布局专利 132 件，位居全国第四，属于苏州市优势布局环节；专利数量仅次于北京市、上海市，位居全国第三。苏州市靶材产业链上的主要企业有基迈克材料科技（苏州）有限公司、爱发科电子材料（苏州）有限公司等。

光刻胶方面，光刻胶是半导体制造中的关键原材料之一，主要用于光刻工艺，光刻胶在集成电路材料领域处于较尖端位置，日本企业占据了光刻胶全球主要市场。苏州市布局专利 204 件，位居全国第三，苏州市光刻胶产业链上的主要企业是瑞红（苏州）电子化学品股份有限公司，该公司是国内光刻胶行业的领军企业之一、光刻胶国产化的重要力量。

电子特种气体方面，电子特种气体是半导体制造中必需的原材料之一，主要用于离子注入、气相沉积、刻蚀等工艺。苏州市布局专利 33 件，位居全国第五，虽然数量与排名都不算突出，但是苏州市电子特种气体产业链上的企业——苏州金宏气体股份有限公司，致力于打造行业第一民族品牌，值得关注。

封装材料方面，苏州市布局专利 128 件，位居全国第四，苏州市封装材料产业链上的企业主要有苏州生益科技有限公司、长兴电子材料（昆山）有限公司等。

因此，在材料化学品这些重点产业环节，苏州市可以通过政策等方面的倾斜与扶持，强化产业优势，为重点链上企业提供优质的发展环境，积极拓展企业上、下游供给，帮扶企业市场发展，实现加速国产替代企业培育。

（1）围绕基迈克材料科技有限公司、爱发科电子材料有限公司、生益科技有限公司及长兴电子材料（昆山）有限公司等企业，在靶材、封装材料领域的构建集成电路制造及封测环节的材料技术优势产业，加速我国高端金属材料等领域供应链的自主可控。

（2）在科技创新与技术研发等方面重点支持瑞红电子化学品股份有限公司、金宏气体股份有限公司等企业，突破集成电路关键化学材料国外垄断现状，实现国产化替代。

2. 支持装备制造环节的优势节点，发展"以点带链"生态

当前，美、日、欧积极推进集成电路制造的本地化，例如，美国众议院在 2022 年 2 月通过的《美国竞争法案》中提出，英特尔宣布增加对美本土制造领域投资，欧盟也于 2022 年 2 月发布了 420 亿欧元的《芯片法案》，要求国外设备供应厂商优先供应其本国需要，导致我国在设备采购中面临设备交付期延长、非先进制程供应受到挤压等困难。

而我国在集成电路制造装备环节虽然专利布局数量增长快、趋势猛，但是基础与核心专利，特别是能够进行产品化的高价值专利技术不多。例如，苏州市企业虽然在氧化炉、CVD/PVD、涂胶/显影设备、刻蚀机、离子注入

机等核心装备环节均有专利布局，但是布局专利的企业多以设备供应商、应用型改进企业、零部件厂商为主，真正涉及装备自主研制的很少。不过，苏州市在一些研制水平要求不是那么高的集成电路装备领域，已经有企业开始技术研发并布局相关产品。

抛光设备方面，重点企业是苏州辰轩光电科技有限公司，该公司以减薄、研磨和抛光技术为工艺核心，自主研发了针对半导体材料磨抛加工的整线设备。

清洗设备方面，重点企业是智程半导体设备科技（昆山）有限公司，该公司形成了以半导体湿制程设备为基础，尾气处理系统与废液提纯系统并行发展的格局，并已成长为半导体清洗细分市场的龙头企业。

研磨机方面，苏州市处于较优环节，重点企业是江苏京创先进电子科技有限公司。

切割机方面，苏州市专利布局量位列全国第一，切割机处于优势环节，重点企业有江苏京创先进电子科技有限公司、苏州德龙激光有限公司等。

因此，苏州市可以依托这些优势企业，"以点带链"发展这些企业的上、下游或者生态伙伴，支持装备制造环节的潜在优势节点，结合长三角在上、中、下游的产业集群优势，逐步实现集成电路装备国产化。

（1）立足服务长三角集成电路产业集群发展，围绕上海微电子装备等龙头装备企业的产业链生态，联合辰轩光电科技有限公司、智程半导体科技（昆山）有限公司等企业，完善我国抛光、光刻、清洗等制造领域的装备制造生态。

（2）以和舰芯片制造（苏州）股份有限公司、华灿光电股份有限公司等苏州市重点集成电路制造企业为纽带，联合京创先进电子科技有限公司、德龙激光有限公司等生态企业，加速区域内供应链协同，实现国产替代设备应用与联合研发。

6.2.2 创新人才企业引进

1. 跟踪芯片设计等重点技术方向引进创新企业

基于前面章节的分析可知，芯片设计、封装设备、制造工艺三大产业链环节是近 10 年专利布局的主要产业技术方向，这三大专利布局总量占据每年专利申请量的 50% 以上。

苏州市在芯片设计以及封装设备领域具有一定的产业基础与专利布局优

势，因此可以从做大做强优势产业节点出发，加强芯片设计等产业环节的企业引进。

国内芯片设计、封装设备、制造工艺的创新优势企业见表6-2。

表6-2　国内芯片设计、封装设备、制造工艺的创新优势企业

产业链环节	企业名称	地点
芯片设计	中芯国际集成电路制造（上海）有限公司	上海市
	江苏长电科技股份有限公司	无锡市
	京东方科技集团股份有限公司	北京市
	上海华虹宏力半导体制造有限公司	上海市
	上海华力微电子有限公司	上海市
封装设备	江苏长电科技股份有限公司	无锡市
	京东方科技集团股份有限公司	北京市
	鸿海精密工业股份有限公司	深圳市
	广东汇芯半导体有限公司	佛山市
	长鑫存储技术有限公司	合肥市
制造工艺	中芯国际集成电路制造（上海）有限公司	上海市
	上海华力微电子有限公司	上海市
	长江存储科技有限责任公司	武汉市
	上海华虹宏力半导体制造有限公司	上海市
	北京北方华创微电子装备有限公司	北京市

2. 结合苏州市技术创新优势，抢占材料/化学品等产业薄弱环节发展先机

上游在一级分类中的材料/化学品与制造设备环节，二级分类相对分散，占比也较少，这与集成电路制造集中为IDM生产模式密切相关。由于生产的集中，生产设备的制造商下游客户相对也比较集中，导致竞争不充分。而苏州市在材料/化学品领域专利布局优势明显，恰恰能够在国内产业链的薄弱环节发挥自身优势，抢占市场先机。

国内材料/化学品优势企业名单见表6-3。

表6-3　国内材料/化学品优势企业名单

产业链环节	企业名称	地点
靶材	北京北方华创微电子装备有限公司	北京市
	宁波江丰电子材料股份有限公司	宁波市
	上海博德基因开发有限公司	上海市
	四川华索自动化信息工程有限公司	成都市
	上海新阳半导体材料股份有限公司	上海市
抛光材料	宁波江丰电子材料股份有限公司	宁波市
	安集微电子（上海）有限公司	上海市
	山东天岳先进材料科技有限公司	济南市
	西安奕斯伟硅片技术有限公司	西安市
	中芯国际集成电路制造（上海）有限公司	上海市
光刻胶	上海芯刻微材料技术有限责任公司	上海市
	宁波南大光电材料有限公司	宁波市
	上海新阳半导体材料股份有限公司	上海市
	上海华力集成电路制造有限公司	上海市
	无锡华润上华科技有限公司	无锡市
湿电子化学品	上海新阳半导体材料股份有限公司	上海市
	安集微电子（上海）有限公司	上海市
	广州慧谷化学有限公司	广州市
	安集微电子科技（上海）股份有限公司	上海市
	江阴润玛电子材料股份有限公司	无锡市
电子特种气体	苏州金宏气体股份有限公司	苏州市
	中国石油化工股份有限公司	北京市
	中国恩菲工程技术有限公司	北京市
	天津绿菱气体有限公司	天津市
	天津市泰亨气体有限公司	天津市

3. 发挥本土优势企业带动作用，做大做强硅晶圆等上游产业集群

目前，苏州市专利优势企业有昆山国显光电有限公司，相关专利1656件；华灿光电（苏州）有限公司，相关专利341件；苏州晶方半导体科技股

份有限公司，相关专利 201 件。因此，苏州市可以围绕专利布局优势企业，在硅晶圆等产业环节，加大企业科研、人才政策、建链扩产等政策支持力度，打造优势产业集群。

苏州硅晶圆、芯片设计等优势企业名单见表 6-4。

表 6-4 苏州硅晶圆、芯片设计等优势企业名单

企业名称	产业链环节
苏州晶方半导体科技股份有限公司	芯片设计
三星半导体（中国）研究开发有限公司	芯片设计
华天科技（昆山）电子有限公司	测试工艺
苏州固锝电子股份有限公司	芯片设计
华灿光电（苏州）有限公司	硅晶圆
和舰科技（苏州）有限公司	硅晶圆
苏州浪潮智能科技有限公司	芯片设计
晶方半导体科技（苏州）有限公司	硅晶圆
江苏第三代半导体研究院有限公司	硅晶圆

4. 立足靶材、光刻胶等国产替代薄弱环节，引入科研团队加速技术高地建设

结合苏州市在集成电路产业的相对优势环节（切割机、硅晶圆、抛光材料、光刻胶、清洗设备、制造工艺等）以及相对弱势环节（掩模版、涂胶/显影设备、离子注入机、抛光设备、测试工艺等），苏州市已经拥有基迈克材料科技（苏州）有限公司、爱发科电子材料（苏州）有限公司等靶材优势企业，瑞红（苏州）电子化学品股份有限公司等国内光刻胶行业的领军企业，因此可以重点在切割机、光刻胶等领域引进优势研发团队，强化科技创新策源地定位。

国内靶材、光刻胶重点高校及科研院所名单见表 6-5。

表 6-5　国内靶材、光刻胶重点高校及科研院所名单

产业链环节	高校	地点
靶材	吉林大学	长春市
	浙江大学	杭州市
	北京科技大学	北京市
	复旦大学	上海市
	上海交通大学	上海市
光刻胶	中国科学院微电子研究所	北京市
	清华大学	北京市
	中国科学院上海光学精密机械研究所	上海市
	中国科学院光电技术研究所	成都市
	上海交通大学	上海市

5. 聚焦测试工艺等产业标准热点领域，引进创新研发机构

根据专利与标准的综合分析，测试工艺是标准布局的热点环节，共布局标准 293 件，而同时该领域的专利布局量仅 8397 件，每千件专利的标准产出率高达 34.9%，是产业发展热点，同时也是专利创新的空白点。因此，苏州市可以聚焦测试工艺技术创新研发机构的引进，实现强链发展。

国内测试工艺的优势高校及科研院所名单见表 6-6。

表 6-6　国内测试工艺的优势高校及科研院所名单

产业链环节	科研院所	地点
测试工艺	中国科学院微电子研究所	北京市
	清华大学	北京市
	北京大学	北京市
	西安电子科技大学	西安市
	中国科学院上海微系统与信息技术研究所	上海市

6.2.3　技术创新、引进、提升

1. 提升专利质量，布局高价值专利

苏州市专利布局在数量上处于优势地位，而专利质量相比北京市与上海

市存在一定差距。发明专利结案授权占比为：北京市 68%、上海市 63%、苏州市 51%、无锡市 53%、南京市 54%。相比重点城市，苏州市集成电路发明专利数量较有优势，但质量情况有待提升。

因此，在确保专利数量优势的同时，下一步重点工作应该在提升专利质量上，具体可以采取以下措施：

（1）从监管端构建专利质量评价体系。首先，从申请端严控专利目标是切实保护企业核心技术，引导与鼓励企业从申请动机端正申请专利的正确意识。其次，从申报过程中进行管理，优化专利预审等政策服务对象，切实将好的政策与好的技术有效匹配。重点培育芯片设计、封装测试等产业链优势环节的重点企业：苏州晶方半导体科技股份有限公司、苏州浪潮智能科技有限公司、和舰科技（苏州）有限公司、华天科技（昆山）电子有限公司等，再利用专利预审等绿色通道、高价值专利培育等政策支持。

（2）引进优质服务机构，构建高质量服务体系。优秀的代理机构会在专利申请等业务环节给公司提供帮助与辅导，切实帮助企业构建合理、有效的技术保护体系，因此，监管部门可以从服务端入手，鼓励与引导优质的代理机构帮助企业提升专利质量。可以考虑引进中科专利、中原信达等国内集成电路行业代理量、授权率较高的服务机构，加速苏州市集成电路领域的高价值专利培育。

2. 促进技术合作，推动标准建设

全国集成电路切割机领域，苏州市处于专利布局数量第一的位置，因此可以以晶圆切割机为突破口，围绕江苏京创先进电子科技有限公司、苏州德龙激光有限公司构建标准与专利的联合布局，补齐重点产业环节的标准数量，推进苏州市优势技术的产业化进程，促进标准布局数量高质量增长。

例如，依据重点企业名录表，集成电路切割机环节中有两家苏州市企业和一家苏州市高校，即江苏京创先进电子科技有限公司、苏州德龙激光有限公司和常州机电职业技术学院机械工程学院。

江苏京创先进电子科技有限公司是一家专业从事半导体材料划片机研发、生产、销售的高新技术企业。公司专注于半导体材料精密切磨领域，研制并成功销售涵盖 6 英寸、8 英寸、12 英寸系列自动精密划片机，建设并完善了该系列设备的标准产业化生产线。该公司申请了切割机相关专利 77 件。

苏州德龙激光有限公司产品批量应用于碳化硅、氮化镓等第三代半导体材料晶圆划片、MEMS 芯片的切割、Mini LED 以及 5G 天线等的切割、加工等。该公司申请了切割机相关专利 79 件。

常州机电职业技术学院机械工程学院与博世力士乐（中国）有限公司、曼恩机械有限公司、创生医疗器械（中国）有限公司、江苏龙城精锻有限公司、常州创胜特尔数控机床设备有限公司、常州博赢模具有限公司、无锡桥联数控机床有限公司、江苏恒立高压油缸股份有限公司和利优比压铸（常州）有限公司合作，开展产学研活动，并在切割机相关领域布局了 19 件专利。

可见，本地企业与高校之间存在技术研发的共性，管理部门可以根据实际调研情况，开展以下工作：

（1）在晶圆切割技术领域加强联合攻关。基于在切割技术中的研发与技术创新，三家机构可能在部分技术课题上进行合作，进而实现在区域内的创新协同，提高高校的科研成果转化率，同时降低企业的研发成本。

（2）依托企业、高校的技术研发成果，推动标准的起草与落地。做大做强切割机等关键产业离不开专利保护与标准推广，依托科研立项、联合研发产出的创新成果需要进行专利申请的同时，加速行标、国标等的起草落地，构建专利与标准的融合，形成标准必要专利池。

3. 加强材料/化学品专利布局，推动测试工艺标准建设，试点切割机领域标准专利融合

（1）加强材料/化学品优势环节专利布局。基于苏州市在材料/化学品领域的专利布局优势，重点关注与培育基迈克材料科技（苏州）有限公司、爱发科电子材料（苏州）有限公司、瑞红（苏州）电子化学品股份有限公司、苏州金宏气体、苏州生益科技有限公司、长兴电子材料（昆山）有限公司在专利布局，特别是高价值专利布局方面的引领作用，形成技术创新高地。

（2）推动测试工艺热点领域标准建设。测试工艺是标准布局的热点环节，是产业发展热点，同时也是专利创新的空白点。因此，苏州市可以重点推动日月光半导体（昆山）有限公司、苏州华兴源创科技股份有限公司、致茂电子（苏州）有限公司、苏州通富超威半导体有限公司等企业在测试工艺的技术优势，推动各类标准起草落地。

（3）试点切割机领域标准专利融合。苏州市可以依托切割机方向优势企业，联合国内优秀的电子设备标准起草单位，如中国电子标准研究院等，构建以专利与标准融合为基础的标准必要专利建设，试点推动技术产业化的新模式。

6.2.4　政策引导制定实施

1. 围绕重点企业展开产业集群发展政策支持

政策上，苏州市可以围绕集成电路领域的重点企业，展开相关技术需求调研，并围绕重点技术需求展开服务。例如，希科半导体科技（苏州）有限公司、苏州能讯高能半导体有限公司的技术研发在碳化硅、氮化镓领域，可以对在集成电路领域具有相同技术环节的企业进行集中的技术需求调研，并联合具有较强科研能力的高校或科研院所进行技术攻关。

（1）科技创新项目政策支持：鼓励与引导本地企业参与科技、工信等技术联合攻关等的立项。

（2）人才引进政策：在技术成果转化过程中锁定并引进高精尖技术人才团队，给予落户入学等多方位的人才优惠政策。

（3）资金支持政策：对希科等企业在集成电路制造前沿技术领域，如第三代半导体材料氮化镓等，给予产业基金、行业基金等投融资上的政策支持，以加速企业发展。

2. 围绕标准优势企业展开行业协同发展政策支持

苏州市可以围绕部分技术创新优势企业，积极展开标准制定工作。例如，苏州固锝电子股份有限公司根据其公司简介中的"从晶圆到封测有完整的供应链体系；国内最大的整流器生产工厂之一；最具特色的 IC 封装设计"，可以考虑联合相关科研机构、上下游企业制定相关行业标准或国家标准，加强其在二极管、封测等技术应用领域的领先地位，同时构建上下游协同创新的机制，形成技术联盟，共同服务更广泛的终端市场。

再如，顾中科技（苏州）有限公司的产品覆盖显示驱动芯片、电源管理芯片、射频前端芯片等多类产品；更值得注意的是，该公司申请了 PCT 专利 14 件，可见该公司比较关注国际市场，因此在该公司核心产品技术领域，可以考虑制定相关标准，并构建标准必要专利包，为企业充分参与国际竞争提供保障。

因此，苏州市可以从以下方面加速企业标准与专利的快速布局：

（1）充分利用知识产权保护中心的预审职能与政策，加速在重点技术突破领域的发明专利确权速度。

（2）调研电子信息行业重点标准起草单位，例如，中国电子技术标准化研究院、中国电子科技集团，强化标准在产业化及产业集群发展中的作用，提升产业与企业竞争力，并从标准起草、实施等环节帮助企业加速行标、国标甚至国际标准的快速落地，并制定联合标准必要专利的声明与评估政策机制。

（3）制定标准鼓励政策。相关部门可以通过参与国家级科研项目、行业协会报奖等方面帮助企业了解参与标准制定的好处、在企业经营市场拓展时的优势等，同时可以制定一定的鼓励政策，帮助企业降低在专利申报、标准制定时的成本付出。

（4）开展相关讲座与培训。标准制定与应用是一件相对专业的工作，管理部门可以围绕如何参与标准制定、如何构建标准必要专利、如何应用标准帮助企业提升市场竞争力等角度，邀请国家级专业机构与专家，展开相关培训与讲座，切实帮助企业提升科技成果保护的意识。

参考文献

［1］ 华经研究院. 2022 年全球半导体及细分产业发展现状及区域分布情况 ［EB/OL］. （2022－10－31）［2024－02－22］. https://www. huaon. com/ channel/trend/847205. html.

［2］ Semiconductor Industry Association. 2023 SIA Factbook ［EB/OL］. （2023－05） ［2024－02－06］. https://www. semiconductors. org/wp－content/uploads/2023/ 05/SIA－2023－Factbook_1. pdf.

［3］ 国家统计局. 中华人民共和国 2022 年国民经济和社会发展统计公报 ［EB/OL］. （2023－02－28）［2024－02－06］. https://www. stats. gov. cn/ sj/zxfb/202302/t20230228_1919011. html.

［4］ 中国半导体行业协会. 2022 年我国集成电路产量 3242 亿块 ［EB/OL］. （2023－02－06）［2024－02－06］. https://web. csia. net. cn/newsinfo/57155 84. html.

［5］ SIA. 2022 年美国半导体产业报告 ［EB/OL］. （2023－06－12）［2024－02－ 06］. https://www. trendforce. cn/presscenter/news/20230612－11718. html.

［6］ 集邦咨询. 全球 TOP10 晶圆代工行业 Q1 季度营收榜单 ［EB/OL］. （2023－06－12）［2024－02－06］. https://www. trendforce. cn/presscenter/news/ 20230612－11718. html.

［7］ 集微咨询. 2022 年中国集成电路封测产业白皮书 ［EB/OL］. （2023－06－22） ［2024－02－06］. http://s. laoyaoba. com/news/attachment/168734 051569264 000. pdf.

［8］ CINNO Research. 2022 年全球半导体设备厂商营收排名 Top10 ［EB/OL］. （2023－04－11）［2024－03－22］. http://s. laoyaoba. com/news/attachment/ 1687340515692640000. pdf.